FOR2

FOR pleasure   FOR life

60813

你的孩子不是你的孩子

被考試綁架的家庭故事
——一位家教老師的見證

吳曉樂 著

推薦序　走進故事屋

楊　翠（東華大學華文文學系副教授）

逐頁閱看《你的孩子不是你的孩子》，好像闖進一座故事城堡。作者的文字清暢靈動，我依循書頁的節奏與動線，走進一間間故事小屋，見證了一則則生命文本。

曉樂有很好的說故事能力。每個故事的開場，以一句去脈絡化的話語，鋪設一條時空甬道，讓主角現身引路，點燃故事的靈魂，營造懸念，開啟想像，搶奪你的目光，讓你不由自主想要繼續看下去。

作者的敘事策略，不見張牙舞爪，也沒有虛文矯情，淡描實說，卻高潮迭起，每一則讀來，都讓我不禁鼻酸。這就是曉樂的文字魅力：簡潔、素樸、精確、有韻味，場景調度靈活，畫面感、戲劇性飽滿，營造出鮮活的臨場感。

然而，曉樂高明的說故事能力，以及文字美學的展演工夫，都不是這本書真正動人的原因。

《你的孩子不是你的孩子》之所以讓我們感到震動，是因為她掌握了故事本身的節奏與脈動。或者說，是因為她曾深深走進這些孩子的生命之中，與他們一同呼吸、一同吞吐這個世界的濁惡空氣。正因為緊緊貼靠過這些生命文本，所以她可以聽見青春生命的幽微泣聲，演繹著苦悶、傷痛、畏怯、憤怒、歡喜、欲望和絕望。

曉樂「家庭教師」的身分，以及她的自省性格，讓她得以聽見這些故事，見證故事主角的人生惡鬥；也正是家庭教師的身分，她找到一個獨特的觀察與敘說位置。「家庭教師」與一般教學工作者不同，他們是一對一的，是目的明確的（孩子成績提升、考試亮眼）；體制內的教育工作者，家長必須去討好他們，但「家庭教師」不是，在家長心目中，你是我花錢請來的「契約勞工」，隨時被評鑑，隨時被檢驗，也可以隨時被當掉。

從某個角度來說，多數「家庭教師」是以執行家長的意志為目標；然而，事實上，「家庭教師」比較像一個中介者，他必須中介父母與孩子，尋求最好的平衡點，如此才能順利完成「家教」的使命，讓孩子保持最佳狀態，也讓自己能夠維持工作。

然而，「家庭教師」又不僅是一個中介者而已；中介者可以游移，可以將自己客觀化，也可以隨時抽身離去，但家庭教師很難如此。家庭教師的工作場域，是別人的家庭，他必須進入一個私領域，才能扮演中介的角色。書中，曉樂發現自己早已成為一個陌生家庭的介入者，她不知不覺地介入他者的生活、親情、衝突，甚至還介入他們的祕密與傷痛。她也經常徘徊於「主動介入」與否的矛盾中；眼鏡仔一再遭受親情暴力，她掙扎許久，終究不曾挺身而出，自責不已；紀小弟被母親奪去理想中的人生，她挺身而出，卻被冷冷地揭露出「你是局外人」的尷尬處境。

一個自覺與自省的家庭教師，必然會陷入局外人／局內人的困境，她會不斷自問，我是要參與其間，或是要保持距離？曉樂正是這樣的家庭教師，她對每一個受苦的生命主體，都不只是進入與離去而已，她不斷徘徊於觀察者與介入者、批判者與自省者的兩端，她的靈魂，也因而黏附了受苦者的傷痕。最後，這些故事，全都滲透進她自身的靈魂。也因為滲透自身，這些故事才能打動我們。

這本書中的每一則故事，都是一場生命的惡鬥。故事中重疊著故事，不只是孩子的，不只是母親或父親的，走筆最後，作者現身，訴說自己與母親。然而，作者其實早已現身，早已穿梭在字字句句之間，嵌入每則故事場景之中，滲透到每個孩子的呼吸與換氣間隙。

書中的每個孩子，無論他們在世俗認定中是成功或失敗，他們的生命，都烙印著奮戰過後的傷痕。人生本來就是一場戰鬥，然而，他們的奮戰對象，卻都是至親，特別是母親。

這個故事裡的母親，形象各異，卻都是以愛為名的劊子手。眼鏡仔的母親把他照顧得很好，但成績一旦不如她意，就狂亂施加暴力；陳小乖的母親自私冷漠，將孩子視為生命的負擔，不願回應他對母愛的渴求；若娃的母親緊迫盯人，愛的照顧成為無法拋棄的沉重負荷；巧藝的母親疲憊蒼老，只為拚著命給女兒念私校；茉莉的母親強勢嚴厲，總是對女兒下指導棋；紀小弟的母親以自己規劃的目標和節奏，逼迫他照章學習；漢偉的母親保護過度，強勢介入孩子的學習與生命場域；高材生的母親以「否定」代替讚美，逼迫女兒更上層樓。

每位母親都用力過度，為孩子規劃人生棋局，檢視他們的落子方位與下棋節奏，母親的意志，嵌入孩子的每一顆棋子之中，讓他們沉甸甸難以舉棋。書中的孩子，因而都有著哀傷的靈魂。眼鏡仔在暴力下總是畏怯，他像一個無聲的遊魂。陳小乖更是讓人不捨，他聰明、秩序、理性、求知欲高、學習能力強，很會打理自己，然而，所有這些，都只是他換取母愛的路徑，是他以高度意志力，勉力維持的恐怖平衡。因為母親的冷漠與疏離，他的內在有一個祕密、一個破洞，一個隨時會引爆的X檔案。最後，企求不到母愛的眷顧，他終於選擇放棄自身，他說：「我沒有家了，這就是事實。」

若娃與陳小乖相同，都是既傷痛又溫柔的孩子。陳小乖以張狂武裝自己，其實默默收納痛感，溫柔守望母親；而若娃則認知到，認定女兒有「過動症」、照顧生病女兒，是母親唯一的生命意義。因此，她寧可偽裝生病，配合演出，為了守護母親的生命價值，「我不能沒有ADHD」。

漢偉的故事，更讓我低迴不已。故事媽媽、導護媽媽、愛心媽媽，是國小常見的校園風景，母親在教學場域的熱情投入，彷彿燃燒的星星，照亮了每個小朋友。然而，劇本並非經常如此。有個「好母親」，確實曾讓漢偉感到驕傲，但時間並不長，「好母親」變成魔怪，介入他與同儕之間，母親炙熱的愛，讓漢偉沾染難以聞問的氣味，成為友情的絕緣體，被世界放逐，終而自我放逐，「隨便你，都可以」成了他的口頭禪與人生註解。

這些母親，甚至都不知何時丟失了自己的孩子。然而，曉樂並非意在建構「妖魔化」的母親形象，她以一個介入者的溫柔眼睛，穿透這些母親的生命底蘊，悲憫她們身上來自父權家庭的傷痕長年未癒，有的甚至還處身「傷痛進行式」之中。這些母親，多數也曾經歷各種輕視、疏忽、離棄、暴力、威迫，背負著這些傷痛，她們又被賦予看守孩子、教養孩子、決定孩子未來的所有責任。書中許多母親，總是擔心著，如果沒把孩子的成績提高、選項變好、未來點亮，會讓自己陷入被丈夫譴責、冷漠、離棄的險境。

不曾被好好疼愛過，所以也不知道如何去愛人。愛是一種能力，然而，愛的方式卻需要學習。有些愛，可以有練習曲，在一遍一遍的演練中，逐漸完備這道習題。然而，父母對孩子的愛，卻不允許有練習題，因為，至親的愛情雖然很牢固，但親情的傷痛卻也很頑固，父母每一次錯誤的愛情試驗，都可能讓孩子烙下永恆的暗影，埋下隨時會引爆的炸彈。

後記中的作者現身，讓整本書縈迴著更溫暖的光色。有時我們會努力不夠，有時我們會用力過度，但更多時候，我們可以放下姿態，尋求和解。就算繞過一整個地球，親情的微光，總還是會在密林黝深處，閃爍引路，你傷痕累累，但返鄉不會無解。

自序　記得那些臉

吳曉樂

我們服膺一套教育方法，往往是因為這套方法教出了「一個」成功的小孩，坦白說，這樣的想法其實很空洞，把小孩好的壞的打包成一團，再歸因於「父母的管教」，不僅忽略其個人特質，也忘了把他所處的環境納入考量。

一樣的教育方法，可能打造出一個世俗眼中的成功模範，也可能將一個小孩的天賦摧殘殆盡，只是後者的情形沒人關心，我們不喜歡失敗的例子，只想傾聽教育神話。

這些話不是我想的，是我的摯友、其中一篇故事的主角。

書寫過程中，她的話反覆在我的腦海裡盤旋。

在你看完這些故事後，你一定會問，這些過程有無誇大不實的色彩？

很遺憾的，答案是——沒有。更多時候，我受到的誘惑是：想把那些發生過的事，寫得更正向、明亮且溫暖，不妨將那些傷害給淡化、舒緩吧。朋友說得沒錯，失敗的例子不太討喜了。

可是，我不能這麼做。我記得那些臉，我記得他們的表情以及他們對我說過的話。若是為了取悅誰，而低估了那些傷害的施加以及承受，我就是曾經目睹了些什麼，卻做出不實的證言，我也對不起那些傷痕，因為沒人把它們記得。

借朋友的句子來說，以下我寫的九篇故事：

沒有一篇是普羅大眾樂見的教育神話。

沒有一篇看了會感到喜悅。

沒有一篇看了心中不會亂糟糟的，甚至覺得煩。

然而，這些事情確實發生過。

不僅確實發生過，極可能仍在發生……

＊為了保護隱私，書中人名、綽號都已改寫。

目次

推薦序 走進故事屋 楊翠 4

自序 記得那些臉 吳曉樂 10

人子與貓的孩子 他不過是個嚇壞的孩子。 16

他沒有家了 「這世界上最傷人的話是什麼？」 40

必須過動 「過動症」可能是一個標籤，也可能是從天而降的神仙索。 74

私的迷思 「穿上這制服，是一種格格不入的壓力。」 102

一脈不相承 「我們都是為了取悅母親寧願委屈自己的人」 124

天賦
全家福裡他們笑得很燦爛，沒人懷疑他們愛著彼此。
164

衣櫃中的小劇場
除了太漂亮之外，他還是那種老師愛死了的標準小孩。
192

怪獸都聚在一起了
「在我對班級重拾歸屬感時，母親又急著把我給毀了。」
204

高材生的獨白
「和母親將近第一百次的和解失敗時，我決定寬恕自己，和解或許可行，但不是現在。」
270

後記　莫失莫忘
有沒有一個可能是，我們的社會把「親」與「子」綁得太緊了？在怪獸家長的背後，不過是站著一個膽怯的、害怕犯錯的人啊。
302

《先知．論孩子》

你們的孩子，都不是你們的孩子，
乃是「生命」為自己所渴望的兒女。
他們是藉你們而來，卻不是從你們而來，
他們雖和你們同在，卻不屬於你們。
你們可以給他們以愛，卻不可給他們以思想，
因為他們有自己的思想。
你們可以蔭庇他們的身體，卻不能蔭庇他們的靈魂，
因為他們的靈魂，是住在「明日」的宅中，那是你們在夢中也不能想見的。

你們可以努力去模仿他們，卻不能使他們來像你們，
因為生命是不倒行的，也不與「昨日」一同停留。
你們是弓，你們的孩子是從弦上發出的生命的箭矢。
那射者在無窮之中看定了目標，也用神力將你們引滿，
使他的箭矢迅疾而遙遠地射了出去。
讓你們在射者手中的「彎曲」成為喜樂吧；
因為他愛那飛出的箭，也愛了那靜止的弓。

——紀伯倫（冰心譯）

第1個家

人子，與貓的孩子。

「他不過是個嚇壞的孩子。」

A frightened child

PR 98

我很少想起眼鏡仔。他是我第三個家教學生，家住台北榮星花園附近。

說到眼鏡仔，整個人乾乾瘦瘦，捏不出幾兩肉，倒是戴了一副很笨重的眼鏡。眼鏡仔說，他近視已經七、八百度了，醫生曾恐嚇他，再不控制一下，眼鏡仔長大後可能就要失明了。可是，眼鏡仔控制不了，他每天都被成績綁架了，每天都用眼過度。

隨著年紀漸長，或許是對於往事的一種懷戀，我變得很常想起我最初的幾個學生。

除了眼鏡仔，對，就除了他。

這麼多年過去，在回憶的長廊上，一一唱名我教過的學生時，我總忽略眼鏡仔。想起他總是不愉快，甚至連「榮星花園」四個字，在記憶上也成了一種負擔。

令我不愉快的，並非眼鏡仔這孩子，相反的我很喜歡他，但想起眼鏡仔，就無可避免地，必須同時面對在眼鏡仔背後，那些我無力去處理的人事。

眼鏡仔的媽媽，不妨稱小圓媽好了。她給人的印象就是圓滾滾的，臉圓手圓，身材也圓。第一次見面，我就見識到小圓媽強勢的作風。她語速很快，連珠砲地朝我射來，說話時手腕的擺動幅度也非常大：「老師，我跟妳說，我這孩子就是笨，做什麼事情就是慢，怎麼教都教不會，之前的老師都放棄了。」小圓媽抬眼，扳指一算：「妳是他第十個、還第十一個家教老師。我跟他說，這次再沒效，我就一個老師也不給他請了，放他自生自滅！」

我尚未接腔，她又急著開口：「老師，我兒子如果不乖，或者題目寫錯，妳就用力給他打下去，孩子有錯，就是要教育，我不是那種小孩子被打就反應過度的父母。」

聞言，我知道我不能再保持沉默了：「但是，阿姨，我不打學生的。」

小圓媽的動作慢了下來，她從上到下，仔細掃視我一次：「我看妳的資料，妳才大學一年級，十八、十九歲對吧？妳們這一代的年輕人，聽到體罰就皺眉，好像體罰是多殘忍的一件事！」

小圓媽哼了一聲，嘴角扯出一抹冷笑：「會這樣想，是因為你們欠缺教小孩的經驗，以為輕聲細語，愛的鼓勵，小孩子就能乖乖向學，順利進步了。事情絕對沒有你們所想的這麼簡單，我提醒在先，妳教過我兒子之後，我們再來討論打不打小孩的問題。」

在小圓媽唇片翻動、口沫橫飛的時候，我注意到一個詭異的景象——

從頭到尾，眼鏡仔只是靜靜地坐在一旁，彎腰駝背，近乎無聲地呼吸著。他的四肢不長，又佝僂著身軀，整個人看起來變得更小隻了。他直盯著自家木桌上的紋理，始終沒有抬起頭來看我們一眼。

他的反應，彷彿這場對話與他無關，他是局外人。

結束與小圓媽的初步接觸，我跟眼鏡仔來到他的房間。

在我們打開試題本五分鐘之後，眼鏡仔走入我的內心最柔軟的角落：我指出一個錯誤，那只是個非常細小、無關緊要的小瑕疵，眼鏡仔的反應卻非常劇烈，他的肩膀很快地拱起來，背部連動地微彎成弓形，他的臉側向與我背反的方向。

整個動作一氣呵成，近乎反射。

我緊張地問：「怎麼了嗎？」

「我以為妳會打我。」

「我為什麼要打你？」眼鏡仔的問題令我震懾不已。

「媽媽不是允許妳了嗎？」

「但我不也告訴過你媽媽，我不會打你嗎？」

眼鏡仔不置可否地抿了抿嘴，低頭，右手捏著試題本，指甲陷了進去。

「媽媽跟之前每一個家教建議，只要我犯錯，就打下去；我再犯錯，就再打下去。打多次一點，我就會記得不要再犯相同的錯了。」好像在說給自己聽似的，眼鏡仔的聲音越來越小：「不過……我好像真的很笨，我被打這麼多次，還是很常犯一樣的錯。上一個家教是男的，打人很用力，我很怕他。他最後還是辭職了，他跟我媽抱怨：『我打妳兒子打得都累了』。」

眼鏡仔似乎想到什麼，抖了一下，又說了下去：「那個家教走了之後，媽媽對我發飆了很久，她說我很笨、很沒用，沒人願意教我，害她必須一直找老師。」

眼鏡仔沒再說話，他把手放在膝蓋上，上半身小小的。

「我不會打你。不管你錯再多題。」

「真的嗎？」眼鏡仔很淡漠，不怎麼相信的樣子。「之前有個女家教，好像跟妳一樣大，還是比妳大一點點，她也是跟我說：『我不會打你』，但是到了最後……她還是氣到忍不住了。她說：『你真的很笨，我沒遇過像你這麼不受教的學生』。老師，我跟妳說，我媽是對的，我真的很笨，又遲緩。有一天，妳也會受不了，想要打我的。」

他的頭仍舊低垂著，我聽見他的呼吸有些亂了。

我遲疑了一會，決定重申立場：「我是真的、真的不會打你。」

「為什麼？」

「我也是接受體罰長大的學生。」

聽到這句話，眼鏡仔微微抬起頭來，看了我一眼，視線又急忙轉向桌上的橡皮擦。

「我國中念前段班，理化老師是個一天到晚嚷嚷著要退休的老頭，他基本上沒在教書了，只立下一個規矩，八十分，少一分就打一下。我有個單元真的搞不懂，考了六十一分，被打得死去活來。之後，我狂寫、狂算題目，基測時我理化一題也沒錯。」

「妳好強。」

「不，一點也不。上了高中之後，我的理化很爛。我很困惑，想了一段時間才明白，在過去，我讀書是怕被老頭打，自己本身其實沒有讀理化的樂趣，等到升上高中，沒人打我了，我反而不曉得怎麼讀書。又因為老頭的關係，我很討厭理化這一科，一點也不想碰。」

看眼鏡仔似懂非懂的模樣，我補充道：「用成績來決定體罰，我覺得這是最不負責任的方法，當下或許呈現出不錯的成果，但之後也可能會製造出更多問題。」

眼鏡仔默默地聽著，沒有應聲。

「所以，假設你考差了，我們就換個方法，你如果再考差了，我們就再換個方法。我不想打學生，打學生也代表我沒有解決問題的誠意跟耐心。我想解決問題。」

「真的嗎？」眼鏡仔看著我，我們的眼神有了交會。

我終於看清楚。藏在厚厚的鏡片後頭，眼鏡仔的眼睛其實又圓又亮。

＊

在沒有體罰的前提下，我得正視一個事實：眼鏡仔教起來確實令人有些情緒。

一模一樣的題型，也許上個分秒才耐心敘說，眼鏡仔仍無法正確作答。更多時候，我已經極盡暗示之能事，只差沒直接伸手指出答案了，眼鏡仔的思路，卻像是有誰猝然設了個路障，沒辦法再前進了。我看得更久一點，發現眼鏡仔對於「寫下答案」這動作特別有心魔。

每一次，握著筆，要寫下答案了，他的眼睛開始骨碌碌地轉，在空調恆溫二十五度的室內，他的汗水大肆奔流。見他這麼難過，我也跟著屏息，空氣稀薄了起來，不由得抬手搧了搧。

也有幾次，眼鏡仔的筆尖抵在紙面上，緊張不安的眼神頻頻對我送來。那眼神，像是在默讀我心底的念頭，也像是在預防我下一秒鐘的動作。

幾次心理的攻防，我忍不住開口了，請眼鏡仔放過自己，也放過我。我告訴他：「你不用緊張，你寫錯了，大不了我重新說一次，我不會打你。」

眼睛仔吞了吞口水：「之前的老師，都會盯著我看，一題一題跟，只要我寫錯了，他就馬上巴我頭，好幾次，我的眼鏡都被拍掉在桌子上。」

「是你先前提過，那個『打你打得都累了』的老師嗎？」我在腦海搜尋可疑人物。

「嗯。」眼鏡仔維持一貫的淡然，點了點頭：「他是媽媽請的家教裡面最貴的，補習班名師。他跟媽媽保證，沒有他救不起來的學生，媽媽於是給他很高的時薪。一小時，好像是一千二百塊吧，還常常加課，一個禮拜，可以上到六小時。可是，我的成績還是時好時壞，媽媽有時候受不了，會怪老師，老師跟著急起來，就一題一題盯我，如果我寫錯，他會馬上巴我頭，或者拿熱熔棒打我的手心。」

「每一題？」

「對，那個老師坐得很近，這麼近啊——」眼鏡仔用手比畫出距離：「他的視線會黏在我的考卷，等我作答，只要我寫錯，完了、死定了。有一次，段考前一天，他拿一張他自己出的題目給我寫，我錯超過一半以上，他非常、非常生氣，卯起來打，拚命用熱熔棒打我小腿，我很痛，可是我不敢哭。」

「你媽媽知道，那個老師，打你打得這麼兇嗎？」

眼鏡仔搖搖頭。

「為什麼不告訴你媽？那個老師叫你不能說嗎？」

「不是。」

「那到底是為什麼？」

「因為，」眼鏡仔有點不自在：「老師打我，是我的錯，我沒有把題目寫好。我跟媽媽說，媽媽只會更生氣，搞不好也會打我一頓。」

我不禁懷疑：眼鏡仔不是笨，也不是遲緩。

眼鏡仔不過是個嚇壞的孩子。

平常，講題目的時間，順著題意一步一步進行拆解、推導，這過程眼鏡仔可以跟得很穩很好，此時進行口頭提問，他也能答得很理想。然而，一旦面臨把答案用鉛筆謄上去的瞬間，眼鏡仔就像是中了石化術，從頭到腳僵硬了起來。

過往的經驗告訴他，一旦犯錯，拳腳就伸了過來。所以，他在答題上，眼前彷彿有個看不見的關卡，他無法跨越這關卡。反覆質疑，踟躕再三。一場四十五分鐘的考試，他可能浪費了三十分鐘，只為了跨過一道「我可能會寫錯」的關卡。

真要給眼鏡仔下一個結論，我會說，這孩子最大的問題在於缺乏信心。

他不相信，犯錯是件很尋常沒什麼大不了的事情。

因為，過去幾任老師不給眼鏡仔犯錯的空間。

眼鏡仔一點也不遲緩，他只是被套上了重重枷鎖，是以他走得較常人忐忑，較常人戒慎，最終不免給人一種笨拙、遲鈍的印象。但他並沒有外界所料想的蠢笨。

＊

模擬考成績下來那天，台北細雨斜織，我站在門外，還來不及束好雨傘，就聽到一陣急遽的腳步聲，從遠至近，小圓媽三步併作兩步下樓，門一打開，她臉色有些古怪。我一進房，她便如影隨形地跟在後頭，一開口就是抱怨：「哎，老師，我跟妳說，這孩子真是沒救了。我真想不透，我給他的讀書環境這麼好，為什麼這孩子就是沒辦法爭氣點？」

「考得很不理想嗎？」

小圓媽說：「我跟他父親給他估計理想的PR值是九十三，他只考了八十三，PR值只有八十三。老師，妳告訴我，在台北市，這樣的成績，哪一間明星高中要他？」

眼鏡仔的PR值為八十三，一個簡單的理解是，眼鏡仔的分數高於該次測驗全國約八十三％

的學生。照理說，該是很亮眼的成績。但是，台北市的競爭確實很激烈，一個細微的差錯，就是下看一到兩間學校。

「老師妳看，我都給他請名校的家教了，他還給我考這樣。」小圓媽的話中多少有怪罪我的意思。我習以為常了，這份職業，領的是他人眼紅的鐘點，雇主們自然有一套「教學品質檢測」的標準，最典型的，莫過於定期舉行的段考、模擬考。若學生考不出亮眼的成績，家長最直白的心態莫過於：「那我砸大錢請你來做什麼？」

一步一步爬上樓梯。客廳裡，眼鏡仔站著。更精準的說法是，罰站著。

走進客廳，小圓媽不忘先給我倒杯茶水，同時也給自己的茶杯注入新茶。稍事休息之後，她把眼鏡仔的成績單取來，開始一科接著一科質問。

「數學為什麼錯了六題？上次你才錯三題。」

「你不是告訴我，這次社會比較簡單？卻錯了快要十題？你真的有讀社會嗎？」

「還有英文，從幼稚園就給你補英文，沒辦法拚一次滿分？」

眼鏡仔支支吾吾，脹紅了臉，不知從何辯解起。

小圓媽越說越激動，一個箭步上前，摑了眼鏡仔兩個耳光，清脆的巴掌聲回響在客廳之中，伴隨著高八度的謾罵：「你怎麼可以這麼不成材啊！你爸的同事都在問你準備得怎麼樣，我哪好意思說，我的兒子在台北市可能找不到好學校念。」

兩個巴掌，我跟眼鏡仔都嚇壞了。

眼鏡仔抬起頭來，朝我的方向看了一眼，眼神中有驚訝與屈辱。但他很快就回復到他習慣的處理方式：垂下眼，拳頭緊握，把視線交給地面，一動也不動。

小圓媽的嘶吼一波接著一波，她將許多陳年往事一一掏出來，內容儼然是眼鏡仔截至十四歲的失敗史，包括幼稚園老師對眼鏡仔不怎麼樣的評價、失常的國小入學考以及不上不下的國小畢業成績……等等。完全不顧我這個外人在場，小圓媽徑自開展清算式的數落，她忘了叫我坐下，也可能是故意的，總之我形同被罰站，跟眼鏡仔一起站著聽，感覺像是聽了一輩子，結束時，偷瞄一眼時鐘，才不過半小時。

小圓媽睏倦地坐回沙發上，朝我們揮了揮手，說：「老師，妳可以上課了。」

我不想上課，倒是非常想逃，腦中閃過一百個逃離現場的藉口，但我又一一刪除那些選項。我心明眼亮，假若我此時開溜，眼鏡仔的處境將變得更為艱難。

一同經歷暴風雨的洗禮，我與眼鏡仔之間，不免萌發出一種近似革命情感的牽絆。我非常、非常想離開，但我不能離開。

我走了就是背叛。

我幾乎是硬著頭皮，踏進眼鏡仔的房間。眼鏡仔拖著腳步，跟在我的身後。

桌上，課本攤開了一半。

我們分別坐了下來，彼此神容尷尬，動作生硬，彷彿這是我們第一次上課。

淚水在眼鏡仔的眼眶打轉，沒有掉下來。他撐得很勉強。不在我的面前掉淚，似乎是他所僅存、用以維護自己尊嚴的手段了。

為了填補我們之間的空白，我開始動起嘴巴。不過，我的聲音有氣無力，在同一頁轉了十來分鐘有餘，好像鬼打牆，怎麼樣也走不出去。眼鏡仔很細心，察覺到我的失落，他突然轉過身，面向我，「對不起，老師，我讓妳失望了，我真是太笨了。」

眼鏡背後的雙眼，脹得紅通通的。

我看著眼鏡仔，心中百感交集。我相信眼鏡仔很困惑。他無法釐清自己挨揍的原因，成績真的能證明些什麼嗎？若有，到底是證明了什麼？

我也陷入了困惑，我個人想問的是，在我們執意相信成績證明出來的結果時，我們是否並不在意，這孩子本質中的很大一部分，是成績無法證明的。

我沒有這能力，去協助眼鏡仔澄清他的困惑，我也希望有誰來澄清我的困惑。

我只能避重就輕地告訴眼鏡仔：「你不笨，PR八十三，你已經做得很好了。」

我拍拍眼鏡仔的肩膀，沮喪地再也吐不出話來。

那堂課，結束得很苦澀。我們氣色委頓，像是一起打了敗仗的士兵。

臨走時，小圓媽已經睡下了，眼鏡仔的父親去大陸出差，家裡沒有其他人，眼鏡仔親自送我到大門。我出了門，轉身回頭，見他怯怯地躲在鐵門後，聲音細如蚊蚋：「老師，對不起，請妳別生氣，也不要辭職。下一次，我會考好一點。」

PR八十三，這成績並不糟糕，已是中上偏好了。

眼鏡仔卻為了這分數，道歉了兩次。

他明明沒有對不起誰。

＊

下回授課，出乎意料，眼鏡仔的家多了一籃幼貓。五隻，眼睛欲睜未睜，小貓們在籃子裡鑽動，像是迎著光源，又像是躲著光源，發出細小的嗚咽聲。眼鏡仔和小圓媽守在籃子旁，密切注意牠們的一舉一動。

「這些貓咪怎麼來的啊？」我好奇地問。

小圓媽說：「社區不知道哪個缺德鬼，不給貓結紮，讓母貓生出一窩小貓，這也就算了，好歹這些貓才出生沒多久，竟把這些貓仔隨便用個破紙箱裝著，扔在路邊。這幾天，幸虧附近養貓的人家接力餵食，小貓都有活下來。不過，昨天下大雨，紙箱淋濕了，又皺又爛，我接兒子回家，路過時，看見牠們縮成一團，冷得喵喵叫，覺得很可憐，乾脆全部撿回家照顧了。」

我心底一暖，這與我平素對小圓媽的印象出入不小。

門鈴響起，小圓媽下樓應門，是鄰居太太。

鄰居太太拿個塑膠袋，走了進來：「這是我家咪咪之前吃剩的貓奶粉，我檢查過，還沒過期，應該夠這些小貓撐個幾餐。明天一早，我再去買完整的一包。」

「謝謝，感激。不然我真不知道去哪裡找這些。」

鄰居太太蹲下來，細看那籃小貓：「真夭壽，瘦成這樣。」

小圓媽也一起蹲了下來：「對啊，不知道最後能活幾隻。」

鄰居太太簡單講解了一下餵食小貓的技巧，小圓媽聽得非常專注，不時詢問詳情。

鄰居太太趕著回去炒菜，待了一下就表示要離開。她離開之後，小圓媽餵食幼貓的大業旋即開展。我可以看得出來，小圓媽非常緊張，她屏氣凝神、小心翼翼地把小傢伙給一一捧在掌心。那些貓還很幼嫩，毛髮又細又帶點濕氣。小圓媽以食指隔著棉巾，一點一點微微按壓，拭去小貓身上的水氣，過程中她的手指輕微地顫抖。

之後，她把小貓放在桌子上，雙指輕輕撐住小貓的上半身，讓貓仔保持坐姿。幾乎是奶嘴一就位，小貓的前肢就本能性地扶上奶瓶，大口大口地喝，藍綠色的眼珠，散發出慵懶的柔光。在小圓媽溫溫的掌中，幼貓們吸食著溫溫的奶水，待小貓全數餵食完畢，小圓媽溫柔地擦乾牠們的嘴角，輕手輕腳地放回她精心布置的布窩，底下鋪了電毯，溫度調整至三十度。

幼貓大部分時間都在睡覺，吃飽睡暖，五雙眼睛一一闔上。眼鏡仔和小圓媽歪著頭，興致高昂地注視著小貓，指指點點，有說有笑。

我退後一步，注視著小圓媽與眼鏡仔，在這一刻，他們比任何時候都像一對母子。

貓的孩子不用讀書，只需要好好地吃、安穩地睡。貓咪長大了，也沒有人舉辦考試，給每一隻貓測量PR值，檢驗牠們的程度。所以，小圓媽可以這麼溫柔地疼愛一群和她沒有血緣、不曾懷胎十月生下的小傢伙。

＊

教了三個月，雖然我跟眼鏡仔的父親不過打了幾次照面，卻也足夠我拼湊出這位父親的輪廓。他在一間中型規模的傳產公司上班，從小職員做起，歷經二十年的苦幹實幹，好不容易來到總經理的位子。他習慣晚歸，無論哪天有沒有加班、有沒有應酬，最早也是九點到家。有一次他七點回家，拿起一包鼓鼓的牛皮紙袋又匆匆地出門，小圓媽注視著他的背影，眼中的失落是如此深刻。

至於平常，一聽到鑰匙插入轉動的聲音，小圓媽會像支火箭般地從客廳衝出去，笑臉盈盈地站在玄關，給丈夫脫下外套、接過他手上的公事包，柔著聲問：「吃飽了沒？」「要不要給你放洗澡水？」

很可惜的是，伉儷情深的光景，時效並不長，等到夫妻倆前後進入主臥室，氛圍將大不相同。起初，只能偶爾捕捉到幾綹窸窸窣窣，刻意壓低的談話聲。不久，聲音越來越大，即使隔著一堵牆壁，我跟眼鏡仔都聽得清楚分明。

「妳到底是怎麼教小孩的，一個月跟我拿那麼多錢，卻連個兒子妳都搞不定。妳知不知道，魏經理的女兒去年考上北一女、陳董的兒子今年也推甄上清華大學了，每次開會，談到自己的兒子我就頭痛，模擬考的PR值沒一次過九十，在台北市區，是有什麼好高中可以讀？我給妳鄭重警告了，我不會讓他去讀那些沒聽過名字的學校。他沒考好，乾脆送他到美國。」

過了幾秒鐘，小圓媽的尖喊傳了過來：「送到美國？一個兒子養到十五歲，只因為高中沒考好，你就要把他送去美國？你有沒有想過，這樣就是我一個人在家了。」

「妳可不可以不要這麼情緒化，看清楚一點好不好？台灣現在的競爭很激烈，未來會更激烈，妳兒子的資質又不比人強，不早一點送出去培養一些外語能力、培養一些國際觀，妳再這樣盲目地寵下去，非得等到我們唯一的獨生子日後在職場上被別人狠狠比了下去，妳這做媽的才甘心嗎？只怕到了那個時候，妳放手也來不及了。」

講課的音量終究無法蓋過夫妻激昂的齟齬，我看著眼鏡仔，想從他的臉上瞧出一點端倪。

眼鏡仔看著課本，語氣輕緩鎮定：「沒關係，我早已習慣了。」

我沒有多問，只是很難過，握著眼鏡仔的肩膀，良久說不出話來。

「老師，我真的不介意啦，趕快來寫下一題吧。」

＊

大考的日子一步步逼近，經過幾次模擬考，小圓媽的標準不是沒有做過調整，PR九十，PR八十八，來到了PR八十五，眼鏡仔沒有一次達標，小圓媽怒氣沉沉，她說：「我都降低標準了，為什麼你還是做不到？」

她在我面前「算帳」的情境越來越常上演。呼巴掌、擰手臂，用腳踢踹，情況越演越烈，有一次，我們上課到一半，小圓媽衝進房間來對著眼鏡仔破口大罵，只因她打了個電話給老師，關心眼鏡仔近日的上學狀況，老師誠實答以「容易分心」四個大字。

每一次，我只能站在那裡，眼睜睜地看著眼鏡仔挨揍。有時候，事情很快就結束了，一記巴頭，小圓媽就把眼鏡仔交給我了。有時候，傷害的過程會長一點，眼鏡仔會被擰耳朵，擰到他的臉脹成豬肝色，小圓媽才甘願放手，饒過眼鏡仔。

每一次，我鼓起勇氣，幾乎要站出去護著眼鏡仔，到最後，我仍是選擇卻步與退縮。

我混淆了自己的身分。到底，我只是個一週提供兩堂教育服務的家教？還是說，我有更大的責任，必須積極阻止這一切發生？更糟糕一點的想法是，我懷疑，小圓媽是故意打給我看的。誰叫我拒絕體罰眼鏡仔，她就故意挑在上課前，聲嘶力竭地呼喊，動手動腳地演給我看，暗示我：「看啊，妳也沒有多會教嘛。」

小圓媽是家庭主婦，又不喜外出，也不熱中社交，她能說心事的夥伴就那麼兩、三個。她的存在價值，是肯定，還是否定，主要是交由丈夫來決定。然而丈夫給的期望太沉重，她一個人難以承受，只得分流給眼鏡仔，分流給我這個一週不過出現五小時的外人。每週時間一到，我無可迴避地必須出現在這個家，她看到我，明白自己滿漲的情緒將得到出口。

我、眼鏡仔、小圓媽，我們三人不知不覺地掉進一條食物鏈，弔詭的是，位居食物鏈的最上端——眼鏡仔的父親——一個禮拜撥給眼鏡仔的時間，可能沒有幾小時。

*

有一天，小圓媽不打了。

她掩著臉，哭倒在沙發上：「你不認真念書，爸爸都不想回家了。他說，你是扶不起的阿斗，讓他很失望，看到你就心煩。怎麼辦，爸爸不想回家了。」

眼鏡仔不吭一聲，走了過去，坐在母親身邊。

母子倆哭成一團。籠子內的小貓，被送走了三隻，剩下兩隻，輕輕地喵喵叫。

我旁觀著，心底清楚這一切的荒謬，這樣溫馨的光景沒有太長的壽命，小圓媽會再度對眼鏡仔動粗的，時間早晚而已。只要眼鏡仔的父親對兒子成就的執著，只要小圓媽持續把丈夫放在人生的第一順位，小圓媽今天只是累了，明天會重振士氣來鞭策眼鏡仔的。

我辭職了。簡言之，我背棄了與眼鏡仔的諾言。

我再也忍受不了了。有多少個夜晚，我走過榮星花園，來到眼鏡仔的家，心中布滿灰色悲觀的思想。按下門鈴的那一刻，我的心又惶恐又顫抖，迎在前方的，又會是怎樣的景象。

我無疑是以一種夾著尾巴的狼狽姿態，落荒而逃。

這也是我極少想起眼鏡仔的原因。一想起幾乎是痛了，想起他厚重鏡框下那怯生生的眼神，想起他曾經給予的信賴，想起他挨揍後，反過來安慰我的敦厚。在我離開之後，小圓媽是否打得更兇了？她是否對兒子更絕望了？她能明白我辭職的理由嗎？

最後，我很害怕去想像的是，眼鏡仔還在台灣嗎？他是否已被送去一個全然陌生的國度？

＊

眼鏡仔住在透天厝裡，含頂樓共四層，他的書房和臥房是分開的，以住在台北市的小孩而言，他擁有很奢侈的生活空間。他上下學由小圓媽開名車接送，眼鏡仔拿很好的手機，書包是那種有伸縮手把的昂貴款式。他很難找到一套衣物、一雙鞋子，不是從百貨公司買來的。

眼鏡仔的父親擁有良好的社經地位，善於社交辭令和商場進退的規矩，穿著要價不菲的手工西裝和訂製皮鞋。他只有眼鏡仔這一個兒子，只要對眼鏡仔的未來有助益，任何名目他都願意投資。小圓媽外表雍容優雅，在外人面前說話輕聲細語，她花很多時間栽培眼鏡仔，定期透過電話和老師交換兒子近況，老師曾誇小圓媽是個十分盡責的好母親。

眼鏡仔每天的早餐必定有一瓶雞精和一顆蛋，吃完早餐後，小圓媽會遞給他維他命、魚油和鈣片等等，待眼鏡仔吃下了，小圓媽才安心帶眼鏡仔去上課。

任何人見了，都會說眼鏡仔的命很好，活在很幸福的環境中。

眼鏡仔的父母好愛他，而他們的愛很正常。

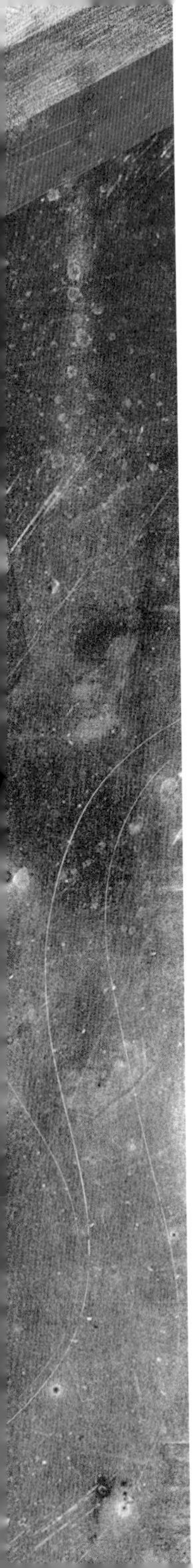

第2個家

他沒有家了。

「這世界上最傷人的話是什麼？」

來挑選一句話吧，一句世界上最傷人的話。一句話就叫人痛徹心扉，像是給誰從中刺穿，穿破了肺葉，再也無法好好說話。要我選，我以為那句話應該是：「我一點也不在乎你。」

我不是原創者，這句話是白瑞德教我的。

《亂世佳人》中，受不了郝思嘉反覆帶來的傷害，白瑞德在故事最終，對著深愛多年的郝思嘉如此說道：「Frankly, my dear, I don't give a damn.」（坦白說，親愛的，我一點也不在乎了。）這句話曾經美國電影協會民調中，拔得「百大電影經典名句」的頭籌。

「所以，」我刻意放緩語速：「就是這句話了，『我一點也不在乎你』，德蕾莎修女不也說過，『愛的反面不是恨，是漠不關心』，就是這句話了，再也沒有比這句話更傷人的了。」

坐在對面的陳小乖扁著嘴，眼睛死死地瞪著我，一副很不以為然的樣子。

「不然呢？」我沒好氣地反問。

陳小乖把視線從我身上移開，轉向窗外。此時已經十點又三分，時序正要進入冬天。我跟他在星巴克裡，桌上是兩杯星冰樂。星巴克是陳小乖指定的上課地點，星冰樂是他最鍾意的飲品。不過，桌上的星冰樂已經放了近三個小時，融化後的奶油與冰塊混合在一塊，成為一種濃稠的甜膩液體，我起身去倒水。

課程原定九點結束，陳小乖還不想回家，他在九點十分的時候拜託我九點半再走，於是我多講了一段，到九點半，陳小乖又改口說十點再走。我已經有些疲倦，我想回家了。

我問陳小乖：「你今天是怎麼了呢？」

陳小乖不說話，他的神情有些異常，欲言又止的模樣，九點三十五分，在我胸中的不耐煩即將爆炸的前一秒，陳小乖開口了：「老師，我問妳哦，妳覺得這世界上最傷人的話是什麼？」

「我不想回答你，我很想睡，也沒有義務回答這個問題。」

「妳回答，我就回家，妳也可以回去睡覺。」

陳小乖的眼中有難得的執著，他之前不曾用這種眼神注視我。我有些困惑，不懂這個問題的意義，但我必須擺平他，讓他滿意。唯有讓陳小乖徹底地服氣，我才能早一點碰到我軟硬適中的床。幾分鐘內，我的倦意又上升了。

九點四十七分，我交出答案，並盡責地花了十分鐘簡述郝思嘉與白瑞德之間難解的糾葛。陳小乖該接受我的答案的，畢竟《亂世佳人》逼出我不少青春的眼淚，陳小乖也青春，他才十四歲多一些，應該會懂。

可是陳小乖不喜歡我的答案：「不對，這不夠傷，這不是最傷人的話。」

我心中的負面情緒一點一滴地攀升，早在一小時前，我就該離開這個場域，上課時間早已結束了，換句話說，身為家教老師的義務結束了，我下班了。

「那你想出一個更好的答案啊——」我的語氣不太友善，幾乎是挑釁了。

陳小乖側過臉，沒有看我。

幾秒鐘的時間他沒有說話，我越來越煩，搞不懂他究竟在玩什麼把戲。

他再次開口時聲音非常細微。

「這個問題的答案或許就是，有一天，你的母親告訴你：『其實當初生下你不是我的意思。』聽到這句話，你會覺得……你的世界從地板開始裂開，你不曉得自己可以站在哪裡……」

＊

陳小乖是我最奇特的 case。一個平凡無奇的夜晚，我接到一通電話，甫接起，對方劈頭就是一串飛快的自我介紹：「我是張胖胖的同學，我看到他最近模擬考進步很多，他說是有妳在幫忙，感覺似乎不錯。我跟張胖胖問了妳的電話，打算找妳來當我的家教。噢對了，我叫陳定維，妳可以直接叫我小乖，大家都叫我小乖，妳叫我陳定維，我反而有些不自在。」

我眉心一皺，讓手機隔著一段距離，看了一下來電號碼。陌生的數字。

我不禁懷疑這是一通惡作劇，但張胖胖確實是我的學生。

「張胖胖在你旁邊嗎？叫他接電話。」

「他怎麼可能會在我旁邊？已經很晚了耶。」

「那你的父母呢？」我耐著性子。

「我的父母？」話筒另一端的年輕聲音有些錯愕。

「既然你說要找家教，照理講該由你的父母來與我接洽吧？」

「他們根本就不管我，我想做什麼就做什麼。反正我請家教也不是壞事，他們不會有意見的。再說……」聲音頓了一下：「我的父母很忙，沒有時間面試妳。」

「沒時間面試我，那發薪水的時候怎麼辦？」

「我會給妳薪水。」聲音微微上揚，我可以想見話筒另一端的神氣。

「你？」我算了一下，既然跟張胖胖是同學，也才十四歲。

「妳不用擔心，我會跟我的父母『請款』，他們給我錢，我再把錢交給妳。我跟我目前的數學家教也是這麼做。然後啊，時薪隨便妳開，只要數字不要太誇張，我的父母不會跟老師計較金錢方面的事。」聲音又頓了一下，輕鬆地說道：「我的父母很有錢啦，妳不用害怕，就像我目前的數學家教時薪一千元，妳也可以討論看看啊，我父母不會省這種小錢。」

我眉心一折，和這孩子的通話時間越長，我越受不了他說話的方式。

「好，我知道了，給我幾分鐘，待會再跟你聯絡。」

掛斷電話之後，我看了一下時鐘，九點。

思索了幾秒，我打給出賣我的張胖胖。

「欸，你怎麼沒經過我的同意，就把我的手機號碼給別人？」

「因為陳小乖一直問啊……」胖胖一副自己也很委屈似的。

「這個陳小乖到底是誰，為什麼他說話這麼囂張？好像很怕人家不知道他家裡很有錢似的。」

話筒傳來胖胖厚實的呵呵笑：「他家是真的很有錢啊！」

像是想到了什麼，小胖壓低了聲音：「可是，老師，我跟妳說，妳如果有時間啊，可以教他一下，因為我覺得，他其實很可憐……」

「為什麼？」

「我聽同學說的啦，我自己也不是很確定，可是——聽說他家有點奇怪，爸媽好像沒有住在一起。他的媽媽來過我們學校一次，穿得很像酒店小姐，我們班都偷偷在傳，他搞不好是酒家女的私生子。老師妳剛剛接他的電話，他開口閉口都在說家裡多有錢對吧？不要覺得奇怪，他在我們班也是這樣，一天到晚炫耀自己的衣服、鞋子有多貴。我覺得啊，他內心搞不好很空虛，只好用這種方式來留住身邊的人。全班都很清楚他家很有錢啊，會跟他交朋友，還不是想看看能不能得到什麼好處，跟陳小乖出去，他心情好的時候會請客哦。」

胖胖的敘述，不知怎地，輕敲到我內心深處的什麼。

九點半，我用簡訊回覆陳小乖：我可以教你，時薪就比照胖胖的。

不到一分鐘，我就收到陳小乖的回訊，沒有文字，只送來一枚笑臉。

陳小乖開宗明義地指出，我們不能在他家上課。理由是家裡很亂，不好意思見客。於是第一堂課，我們約在星巴克，距離他家大約一公里。

「你怎麼來的？」他抵達之後，我問。

「搭計程車。」

「這麼短的距離，也搭計程車？」

「對啊。反正這麼短的距離司機也載啊。」他聳了聳肩，一副不置可否的姿態。

我幾乎要被陳小乖吊兒郎當的態度給激怒了。

胖胖的言語適時自耳邊響起，我按捺住脾氣，坐了下來。

第一堂課，我通常會建議學生準備過往的成績單，好方便我快速檢視一下該學生的學習狀況，也可以依照學生的科目強弱，搭配出相對應的讀書時間。陳小乖的成績很優秀，數學的學習很出色，國文、社會稍弱。我稍微觀察了一下，只要加把勁，第一志願也是有望的。

但我把心得藏在心底，陳小乖不是那種需要讚美的學生。

他有些太驕傲了。

＊

幾堂課下來，我發現陳小乖很在乎錢。

認識未及一個月，他就很正經地問我：「老師，假使我考上第一志願，妳會送我什麼禮物？」

「我什麼禮物也不會送給你。」

「啊？這麼小氣……我阿嬤已經答應我，考上第一志願，就要給我五萬哦。」

他鼻孔朝天地比出五根手指頭。

我看著陳小乖，問道：「小乖，你覺得考得好，是為了自己，還是取悅別人？」

陳小乖停了一下，表情很掙扎，他答得有些猶豫：「我不知道，但假使我考得好，我很開心，大家也會很開心，我又能拿到很多禮物，這樣不好嗎？」

「小乖，我是這樣想的，這是你的人生，就像是你有一塊田，你認真去耕耘，最後結出漂亮的果實，這些果實就是你個人最好的禮物。別人看到你長出很好的果實，也許很開心，送你貴重的禮物，但也可能他的財力有限，只能給你祝福。」

我想了一下，如何讓陳小乖明白我的意思：「送你禮物，也許代表那個人很在乎你，倒過來想，沒送你禮物，難道就意味著那個人不在乎你嗎？就像我，自第一次上課至基測，我對你所付出的時間與精力，難道會因為我沒有送你禮物，就跟著消失了？」

「但我還是想要得到禮物……」陳小乖的語氣有些氣悶。

看得出來，物質禮品似乎是他確認感情的方式。

「會的，小乖，我會請你吃一頓飯，但這並非是因為你『考得好』的獎勵，而是因為你『很認真地面對了大考這件事』，因為你完整地走過了這個過程，我請你吃一頓飯，無關成績好壞，最重要的是你處理這個人生階段的態度，而非成果。」

「即使考不好，還是會請我吃飯嗎？」

「對啊。」

陳小乖的手支撐著下巴，沒有看向我，似乎在想些什麼。

除了對物質的執著之外，我不得不承認，在紈袴子弟的外表底下，陳小乖在學習上像是一塊吸水海綿。但凡我提過的主題，他都牢牢地記在心底。陳小乖喜歡學習，對於知識的攝取也真心感到興趣，任何領域他都擁有好奇心，這一點不僅反映在他拿手的數學之上，哪怕是他較不擅長的國文與社會，他也抱持著開放的心態去面對。有時候，我直接指明這個課程可能已經進入了高中課程的範疇，一般學生聽到了會打住，陳小乖不是，他會示意我繼續說下去。他求知，不完全是為了分數。我開始不那麼討厭他，還有些喜歡他，跟陳小乖相處，有那麼一些教學相長的愉悅，是我與其他學生相處無法營造出的氛圍。

日子一久，我也察覺到一件很微妙的事：陳小乖很少談及父母，更精確一點說，他從來不提家人。來往兩、三個月之後，我對他的背景了解得仍十分單薄，只能確定他有個妹妹，他跟妹妹兩人目前跟母親住在一起。談到他唯一的手足，陳小乖的口吻多了一些柔軟：「她現在很三八欸，喜歡穿那種很多蕾絲的衣服，自以為是迪士尼的小公主。」

聽得出來，陳小乖很在乎他妹妹。

但我也感覺得出來，「家庭」對陳小乖來說是非常敏感的字眼，每回，只是稍微地擦過這個議題的邊緣，他便立刻顯露出慌張的樣子，急著變換對話的主題。

一日，在我們尚未做好心理準備的狀況下，小乖的母親突然出現了。

那天，我印象很深刻，快要接近九點，陳小乖趴在桌子上慵懶地寫著練習題，我抱著胸靠在椅子上，課程快要結束了，我們的心情都有些輕盈。

我注意到有個女人上了二樓，起初我沒有放在心上，這裡是星巴克，隨時都有人上上下下。但那個女人朝著我與小乖的方向大步大步地走了過來，她穿著亮橘色漸層上衣，領口極低，胸部隨著她的步伐呈現劇烈的起伏。

女人在我們的桌子前停了下來，「陳定維」，我嚇了一跳。

陳小乖渾身一震，抬起臉來，神色很僵硬：「媽，妳怎麼來了？」

聽到陳小乖對女人的稱謂，我飛快從椅子上跳起來，恭敬地打招呼。

女人笑了笑，揮手表示收到了，要我坐下：「歹勢啦，嚇到老師了，因為我剛好路過，想起今天是禮拜五，我兒子會在星巴克上課，可以順便接他回家。」

女人轉過去看著小乖，親密地拍了一下陳小乖的肩膀。

「你怎麼不接媽媽的電話？我找你找得很累欸。」

陳小乖轉頭看著我。尷尬、不安和許多難以辨識的情緒，在他的臉上交錯出現。陳小乖倉促地收整了一下桌上散亂的講義與考卷，低著頭跟我說再見，急急地下了樓梯。他的母親見狀，回頭對我微笑致意，也跟了上去。

順著她們母子倆的方向望去，對街停著一台亮眼的寶馬。一名男子斜倚在寶馬上抽菸，見到他們母子下樓，沒有說話，把菸扔在地上，鞋尖就著菸蒂蹭了幾下，男子鑽進駕駛座裡。小乖的母親上了副駕駛座，小乖打開母親後方的車門，先把書包甩進去，接著站在車外，指尖握著車門手把，陳小乖停了幾秒鐘，才進入車內。

我看著，直到一個轉彎，車子完全駛離我的視線，我才回頭準備離開。

下一次上課，在我開口之前，陳小乖搶先解釋：「老師，上次的事情，妳不要太介意，我媽平常的穿衣風格就是這樣，誰都勸不動她，我外婆已經放棄說教了。」

他的神色彆扭。

我點了點頭，沒有多想地問道：「那天來載你的，是你的爸爸嗎？」

出乎意料的，陳小乖的臉色垮了下來，反應異常激動：「他——才不是我的爸爸！」似乎發覺自己的反應太誇張了，陳小乖深呼吸了幾回，這才不疾不徐地說道：「他是叔叔，是媽媽的朋友，他不是我的爸爸。」

我識趣地回了一聲哦，打開手上的講義，表示可以開始上課了。

陳小乖低下身從提包取出題目，臉色不是很好看。

如果說，「陳小乖的家庭」是個不可碰觸的議題，這就是我第一次碰觸到這議題的邊緣。

之後，有很長一陣子，我沒再遇過他母親，每到月底小乖會定時交給我薪水，他的表現也很穩定，我找不到與他家人聯絡的必要性。

在我心目中，這個議題像是一隻蟄伏在地表下的怪獸，偶爾你可以感覺到牠的呼吸起伏、牠隱約的脈動，但是陳小乖很擅長壓抑，他避免所有話題延伸到家人的可能，故作輕鬆地把話題轉到其他事物上；也有的時候，他警覺到我正在窺探他的私生活，嘻皮笑臉地指著自己身上的衣飾，極盡誇張之能事地唱名這些物件的來歷、定價、是哪個國家的舶來品？限量版？他當初又是怎麼想方設法弄來這件寶貝。

張胖胖的結論是對的。

陳小乖越是張牙舞爪地強調自己多麼富裕，你越能辨識出他的內心有多麼匱乏。

與此同時，他的成績穩定地往上爬。陳小乖打扮穿搭喜歡特立獨行，但對課業倒是挺講究的，如期完成各科老師指派的作業，偶爾也會拜託我給他找更難、更有鑑別度的習題，他是個很能適應台灣考試生態的學生，他喜歡題海戰術，也喜歡跟我討論出題者的想法。

陳小乖的聰明帶有一些「機巧」，他想找出出題老師在玩什麼把戲、設了什麼陷阱，他把一切想像成是打電動，甚至試著揣摩出題老師的心思，再順著他的心得去作答。

在我日後與家長相處時，我會嘗試給他們一個想法：「不要用成績作為衡量小孩的唯一標準」。

有些小孩品行不壞，只是不喜歡碰書，排名居後了些，師長很容易給這種小孩貼上負面的標籤；相反地，有些小孩的身心已經明顯出了狀況，但他的成績仍維持在高度的水準，師長也會片面地誤信這小孩的發展猶在正軌上。

會有這樣的想法，是陳小乖給的靈感。

陳小乖的成績很好，我於是說服自己，陳小乖把自己的生活經營得不錯，每個人的家庭都有一、兩個棘手的問題，陳小乖的問題也許很小，小到不需要在意。當我這麼告訴自己，我再也看不見從他臉上淡去的稚氣，逐日減少的微笑，因為他的成績很好。在我眼中，他有如一艘馬力十足的船，只要風向正確、氣候晴明，這艘船會在富饒的新大陸靠岸的。因為他的成績很好，讓我看不見這艘船的底處早已破了一個大洞。

在我盲目地驅策這艘船不停前駛的過程中，破洞一日比一日大。

一個大浪襲來，這艘船徹底地瓦解了。

進入倒數兩百天，陳小乖的情緒跟冬天的氣溫一樣起伏不定。上課時他變得很暴躁，幾次看著我，嘴巴動了動，顯然有話想說，但他最終嚥了回去，又擺出一張不耐煩的臉色。

我好心問他，他又說沒事、沒事。

有一天，陳小乖打電話通知我：「我們得更改上課的地點。我要搬去跟爸爸住了。」

他約略指出一個區域，問我熟悉那兒嗎？

「我知道，我以前有個學生住那裡。」

「那裡離我的學校很遠嗎？」

「不會，你搭捷運轉公車的話，約二十幾分鐘。」

我這句話白說了，陳小乖不搭捷運，更不可能搭公車。

不過，我也聯想起一件事情，陳小乖的父母原來住得並不遠。

「那好，下次上課就換成那個地點。」不給我追問的餘地，陳小乖有些粗魯地掛上電話。

換了一間星巴克上課，我感到有些新鮮，陳小乖倒是一臉慣然，好像我們從頭到尾就是在那間星巴克上的課。我自討沒趣，齊了齊講義的邊緣，釘上遞給他。

當天的上課過程很順利，陳小乖埋首抄寫，神態鎮靜。

我以為他那天不會再透露更多了。

九點十分，他要我多陪他二十分鐘，九點半他會搭計程車回父親的住處。九點半，他更是以一種近似哀求的姿態，請我留得更晚些。時間來到九點三十五分，他問我一個莫名其妙的問題，「世界上，最傷人的話是什麼？」

我回答他，他不滿意我的答案。我的脾氣也跟著上來了，拔高音量反嗆他。

「那你想出一個更好的答案啊——」

小乖閉上了嘴，他的身影一口氣變得很渺小，五官暗了下去。

他開口時，聲音有氣無力，像是在幾秒鐘內被抽乾了勇氣：「這個問題的答案或許就是——有一天，你的母親告訴你：『其實當初生下你不是我的意思』。」

說完，淚水從他的眼睛，一滴跟著一滴掉下來。

好長一段時間，我沒辦法說話，小乖藏了這麼久的祕密，終於從洞穴中走出來了。

很晚了。服務生提醒我們打烊時間到了，我們步出星巴克。吹來的風有些寒意，我拉高衣領，打了通電話給母親，說我會晚點回家。結束通話後，我轉頭告訴小乖，我可以陪他走到父親的住處附近。這個承諾似乎讓他很安心，他紅著雙眼跟我說謝謝。

「那天，妳看到的男生，不是我爸，是我媽的男朋友。」

我壓抑著內心的訝異：「你父母離婚了？」

「他們沒有結過婚。」

我瞪圓了眼，停下腳步：「等等，你的意思是，你的父母在一起十幾年，共同撫養了兩個兒女。這麼多年來，他們從來就沒有結婚過？」

小乖輕不可聞地嗯了一聲，他徑自往前走了下去，我追了上去。

在我追上他的時候，小乖哎了一聲，首度正式地向我介紹起他的家庭。

「我媽在十六歲時結了一次婚，可是婆婆對她不好，我媽受不了，結婚半年就想離婚了。我外公很有錢，在豐原有幾間店面，每個月單憑租金，日子就很好過。我外公外婆生了四個小孩，我媽年紀最小，也是唯一的女兒，我外公很疼我媽，我媽吵著要離婚，我外公不僅沒有反對，還鼓勵我媽搬回娘家，照樣給她零用錢。」

我點點頭，示意小乖說下去。

「二十幾歲時，我媽在旅遊中認識我爸，我爸的老家也算過得去，在台北市有兩間公寓，一個店面出租。我爸回家說想跟我媽結婚，我阿嬤很生氣，她說離過婚的女人不能娶，我爸若堅持要娶，我阿嬤就要跟他斷絕母子關係，遺產也沒有我爸的分。我爸很煩惱，於是異想天開，想說不如先讓我媽懷孕，看我阿嬤會不會改變心意。」

小乖停了一下，抬頭看著路燈。「那個小孩，就是我……」

我偷看了他一眼，他直盯著前方，表情木然。

小乖繼續討論，以一種從容、無關緊要的態度順了下去：「我快滿十五歲了，還在跟我媽的姓。由此可知，我父母當年的想法太天真了。」

「你阿嬤還是不讓他們結婚？」

「嗯。我出生跟滿月，阿嬤都有來看我，過年時我爸也會把我抱回去給阿嬤看。我阿嬤不討厭我，可是她依然不接受我媽。我跟我爸、我媽三個人住在一起，外觀看起來像一個普通家庭，只是我的父母沒有婚姻關係。」

「然後，你爸媽又生了你妹？」

「不，我妹的事也有點特別……該怎麼說好呢，在我三、四歲時，阿嬤介紹一個女生，說這女生身世清白，很得她的緣，叫我爸跟那個阿姨結婚。我爸那時候也不知道在想什麼，大概是想求個耳根清靜吧，就真的跟那個阿姨結了婚，生下一個女兒。如果我告訴妳，那個小女孩是我妹，妳會很訝異嗎？」

「也就是說，你跟你妹是同父異母的關係？」

「對。」

我的頭腦脹了起來，這一家人的人際網絡著實太複雜了。

「那個阿姨呢？」

「妹妹上幼稚園前，阿姨跟爸爸離婚了，她受不了爸爸一個禮拜有三天會來找我跟我媽。阿姨把妹妹丟給我爸，她說妹妹若跟著她，她很難再嫁出去。我爸不會帶小孩，就把妹妹丟給我媽。很奇怪，不知道是不是因為都是女生的關係，我媽跟我妹雖然沒有血緣，感情卻很好，我不說，沒有人會懷疑她們不是母女。」

「你媽的心腸很好，不是每個女人都可以接受這種情形。」

「因為我媽那時很愛我爸吧。」

陳小乖嘆了一口氣，他的側臉有著不屬於十四歲的老成。

「四、五年前，媽媽生了一場很嚴重的病，醫生說，她的身體裡有癌細胞，要做化療。我媽那陣子很消沉，希望我爸可以多關心她，我爸的態度卻有些反常，很冷淡，我媽覺得不對勁，偷看我爸的手機，才知道我爸在外面有『另一個家』了……」。

陳小乖別過頭，拚命眨眼。我從口袋中取出面紙，抽了兩張給他。他沒有拒絕，接過面紙，往眼角按壓，用力吸了吸鼻子：「跟妳說一件有趣的事，我當時看我媽那麼痛苦，鼓起勇氣跟她說『離婚吧，我跟妹妹支持妳』，可是，說出口的那一秒才想起來，他們沒有結婚要怎麼離婚？很好笑對吧。」

我笑不出來，這並不好笑。

「我媽很傷心，不斷哀求我爸回家，那幾個月，我跟妹妹放學回家，在門口就可以聽見媽媽的哭聲，如果爸爸也在，他們會吵架。有一天回到家，媽媽沒有哭，她躺在沙發上看電視，桌上擺著兩份麥當勞，我好高興，媽媽好久沒買晚餐給我們吃了。我跟妹妹很開心地坐下來吃薯條雞塊，吃到一半，媽媽轉過頭來看著我們，說：『爸爸搬去跟那個女人住了，他不要我們了。』聽到這句話，我跟妹妹吃不下去，哭了起來。」

「妹妹沒有跟著搬過去？」

「沒有，爸爸的女朋友不喜歡她。」

「之後呢？」我皺眉，事件的發展一節比一節轉折。

「之後？我們過了一陣子三個人的日子，外婆很擔心我們的狀況，從南部上來，跟我們一起住了大概半年。外婆會陪媽媽說話，媽媽的狀況也一天比一天好，我很喜歡那半年，雖然爸爸不在家，外婆也很囉唆，可是外婆很用心地照顧我們，我好像又有一個『家』了。」

「然後……」陳小乖又停頓了。

「然後？」

「然後叔叔出現了。」

「是那天，我看到的叔叔嗎？」

「嗯，叔叔是媽媽之前的男友，兩人交往幾個月，叔叔去跑船，兩人就分手了。叔叔跟媽媽在大賣場巧遇，他說自己剛離婚，帶著兩個小朋友在找房子。媽媽覺得叔叔很可憐，想說我們家的儲藏室清一清也算大，便叫叔叔帶著小孩來住我們家，房子再慢慢找。」

「你們六個人，跟外婆住一起？」

「沒有，外婆回南部了。因為後來媽媽愛上叔叔了，她叫叔叔永遠住下來，跟我們一起生活。外婆非常生氣，她罵媽媽不自愛，她不要再幫媽媽收拾爛攤子了。」

「現在，你們家除了原本的三個人，還有叔叔跟他的兩個小孩？」

「嗯。」陳小乖咬牙切齒地回答。

我難掩內心的驚愕，某種程度上，這也算是另類的「多元成家」了。

「那你為什麼要搬去跟爸爸住？」

「因為，」陳小乖收緊了拳頭，那一刻，我可以感覺到他滿腔的怒火：「我不喜歡叔叔跟他帶來的兩個小白癡，我叫媽媽快點趕叔叔出去。媽媽不能諒解，她給我兩條路：一個是心甘情願接納叔叔跟兩個『新弟弟』的存在，我們可以快樂地一起生活，她也會像過去一樣疼我；另一條路就是搬去跟爸爸住。」

「很明顯地，你選擇了後者。」

「是啊，我問我媽：『妳為什麼要逼我做選擇？我不是妳的兒子嗎？叔叔只是個外人啊。』我媽轉頭，沒有看我，她說：『其實……當初生下你不是我的意思。』那一刻，我懂了，我什麼都懂了，我是我媽的累贅，只要我不乖，她隨時隨地可以甩掉我。」

我們停了下來，陳小乖父親居住的社區到了。我看了一下手錶，近十一點了。
「快進去吧，不要讓你的父親擔心。」
「再陪我一下下好嗎？」
陳小乖比我高十幾公分，他低頭拉扯著我的衣袖，像隻高大卻膽小的動物。
「有那麼恐怖嗎？」
「老實說，我很害怕。我跟他不熟，我們沒有單獨相處過。」
「可是，小乖，我好累，我想回家了。」
陳小乖露出哀傷的眼神，他轉過頭，拖著腳步走向管理室。我目送著他步入中庭，右轉，走向約十公尺的小徑，他的背馱著，步履沉而無力，我寧願相信是書包太重的緣故。
再也看不見他的那一刻，我如釋重負，轉身離去。

＊

一個月後，我又換回了原本的星巴克上課。
陳小乖回去跟媽媽住了。

我沒有問原因，但不難猜出他與父親之間起了很大的衝突。談到父親時，小乖的用語有了很大的轉變，他開始形容父親是個自私、不負責任的傢伙。至於母親，小乖的態度有點兩極。有時候，他會用一種很溫暖的視角敘述他的母親：「我媽她啊……看起來很花枝招展，但她真的不是那種愛玩的女人，她只是以為這樣的打扮，可以留住男人的心。她只是想要有人愛她而已。」也有的時候，他的言論很尖銳：「我真的很討厭我媽，看她那種凡事以叔叔為優先的嘴臉，我就覺得噁心。」然而，更多的時候，小乖不愛也不恨，只是很苦惱：「我媽那句話，是一時氣話，還是認真的？生下我有這麼不情願嗎？」

船底的大洞不斷地進水，小乖再也沒辦法保持表面的假象了。

他不讀書了，出神的情況一天比一天嚴重，我常常講到一半，發現小乖的思緒不知道漂流到何方。陳小乖也跟我自白，說他最近很著迷一款手機遊戲：「我有時候會玩三、四個小時，我知道這樣做會佔用到我的讀書時間，可是我必須放鬆一下，否則我睡不著。」

任何人都看得出來，他正在自我放逐。

我很為難，某方面，我希望小乖回到「正軌」，但我也明白，這樣的要求很冷血。

最新一次的模擬考成績出來了。光是校排名，小乖一口氣就掉了八十多名，區域排名更是退得不忍卒睹。看完成績單，我抑制不了自己的怒氣，衝著小乖一陣怒吼：「我不是跟你說過了，人生是自己的，你再怎麼怨恨父母，也不該拿自己的未來陪葬吧？認真了三年，在最後一百天好好守住，有這麼困難嗎？」

陳小乖沒有正面回應，他看著我，冷冷地看著我。

「老師，我以前好喜歡讀書，那時候，我媽常跟我說，我是家族中成績最好的，只要我持之以恆，阿嬤有一天會接納我們母子的。可是，曾經這樣鼓勵我的人……現在卻不要我了。」見我沒說話，陳小乖偏過頭去，聲音小了一些：「假設妳每天回到家，家裡總是多了三個陌生人，你得叫其中最大的陌生人『爸爸』。你想讀書，那兩隻小的陌生人纏著你，說他們好無聊。你看著媽媽，那個跟你有血緣關係的女人，她要你『聽叔叔的話，陪他們玩』，老師，我該怎麼辦？如果是妳，妳又會怎麼做？妳還有辦法念書嗎？」

我嚥了嚥口水，那一刻，我覺得自己像是正在接受審問的犯人。

小乖真是太聰明了。

他在提醒我，在我責備他時，我是多麼地缺乏同理心。

「對不起。我真不該說那種自以為是的話。你說的沒錯，讀書對於現在的你來說，確實不是最重要的事，你已經很努力在控制自己的生活了。」我感到羞愧。

小乖別過頭去，我猜他不想理我了。直到我看見他的肩膀一抖一抖的，我才明白他在哭。

他哭得很克制，沒有驚動到其他客人。

「前幾天，我媽在美國官網上訂衣服，昨天包裹到了，我很高興，拆開要看媽媽幫我挑了什麼衣服。每一次換季，媽媽都會幫我訂新衣服。我翻了一下，是男生的衣服，不過不是我的尺寸，有的太大，有的太小，我坐在地板上，想一下就懂了，這些衣服是給叔叔和那兩個小白癡的。」小乖雙眼通紅，邊吸著鼻涕邊說道：「我被排除在外了，為什麼沒有我的？」

我坐在那，什麼也做不了。我旁觀著小乖的痛苦，什麼也無法做。

能做些什麼的、該做些什麼的，那些人統統沒有來。

我們總認為，懷胎十月，母愛的給予不僅理所當然，且會永久地持續下去。但在陳小乖的人生中，母愛分了岔，給了妹妹，給了叔叔，給了叔叔的兩個小孩。

幾分鐘後，陳小乖停止哭泣，他的雙手軟軟地垂著，紅紅的眼圈，腫脹的鼻子，整個人頹喪得像是被拋棄的小狗。我看見他手臂浮凸的淡藍色血管，像有蛇在上面蜿蜒。陳小乖有在吃飯嗎？他總共瘦了幾公斤呢？我不敢問。怕問了，陳小乖失去的那些重量，會在當下真實且具體地壓在我的雙肩上。偶爾，我忍不住懷疑，懷疑自己愛陳小乖，愛得比他的父母更多。

一個領鐘點做事的人，比親生父母愛一個小孩？怎麼想都令人感到不安。

＊

考前兩個月，我跟陳小乖的課程中斷了。

陳小乖為了叔叔一家的事跟母親鬧得很不愉快，他的母親失去耐心，把小乖像一顆皮球一樣踢到父親那裡，他的父親雙手一攤，把球傳給了阿嬤。阿嬤住天母。我跟陳小乖道歉，天母太遠了，我騎機車過去很危險，課程得結束了。

「小乖，就算我沒再繼續教你，你還是要認真念書哦。」最後一堂課，為了讓自己心裡舒適一些，我言不由衷地說道。

「再說吧，讀書有什麼意義？」

「小乖，還記得嗎？我曾經說過，讀書不是為了取悅他人。」

「老師，雖然妳這樣說，當初妳讀書時，也是個被期待的小孩吧？妳的父母也關心妳吧？只要認真念書，回家的時候，也跟張胖胖一樣，父母會準備水果跟消夜吧？反觀我的父母，生我的原因莫名其妙，生了之後又不專心養，現在更只顧著自己談戀愛，把我推來推去，推到不能再推就把我丟給阿嬤，我跟阿嬤以前一年才說幾次話欸。再來，說說我阿嬤吧，比起我的成績，她更介意我母親跟叔叔之間的關係。她不在乎我在學校的日子過得如何，只想知道我有沒有偷偷跟我媽聯絡？多久一次？」

陳小乖做出了結論：「我沒有家了，這就是事實，我沒有家了。一個找不到歸屬的人，要他念書有什麼意義？妳不覺得，現在叫我認真念書真的很愚蠢嗎？」

最後一堂課，陳小乖再次說得我啞口無言。

六十天過去，考試結束了，陳小乖的成績普普通通，不上不下。這個結果，在乎的人並不多。據他所稱，母親只是哦了一聲，問：「有學校可以念吧？」父親則是訕笑一句：「我就知道。」

電話中，陳小乖問我：「到底我的父親知道什麼呢？」

我小心翼翼地回答：「或許你父親只是想要掩飾，他其實什麼也不知道吧。」

在學生面前指摘父母的過錯，仍讓我的心臟像是爬滿螞蟻般，十分刺癢。

「對了，老師，我改名字了。我阿嬤討厭我的舊名，說這是我媽取的，她不喜歡。」

「你的父母沒有意見？」

「沒有。我打給我媽，她叫我『聽阿嬤的話』。妳不覺得很荒謬嗎？這名字是她取的，她竟然跟我說，阿嬤想改就改，她再找時間跟我爸商量這件事。」

「的確很荒謬。」

「更讓我生氣的是，電話中我聽見妹妹的聲音，她喊叔叔『爸爸』！妳知道這件事的嚴重性嗎？我妹以前明明跟我是同一國的，我們說好要一起對付那三個白癡。可是，我妹很怕落入跟我一樣的下場——被丟給阿嬤，她只好背叛我了……真是個大叛徒。」

「小乖，你的用字太重了。」

見我不支持他，小乖氣呼呼地掛上了電話。

幾天後，我請陳小乖吃飯，一如約定好的，考試結束要請陳小乖吃頓飯。訂位時我百感交集，這一段起先以為平坦的道路，實際走來竟是如此坎坷。

小乖出現在我眼前時，一身閃亮的行頭，時尚得像是從百貨公司的玻璃櫥窗走出來的模特兒。一問之下，原來是阿嬤贊助，兩萬元，獎勵陳小乖改名換姓。

小乖拿那筆錢換成新衣新褲新鞋，附上新名字，他把自己升級為小乖2.0。

「現在我姓李了，沒關係，妳還是可以叫我小乖。」

小乖，是母親給他取的綽號。聽說這綽號的由來是小乖以前脾氣很差，母親那時叫他小霸王，外婆說這樣不行，要叫他小乖，個性才會乖乖順順。

姓名變了，綽號被留下來。

走進餐廳時，小乖看起來心情很好，我們才剛坐下，他便急著跟我分享他的新生活：「現在我一個星期有兩千元的零用錢。上星期生日，不只阿嬤，姑姑和叔叔也包了好多好多……他們都好開心，誰叫我『認祖歸宗』了呢。」

小乖撇撇唇：「很好笑吧，只是改個名字，待遇差這麼多。」

我看著小乖，想從他誇張的表情中讀出一些熟稔的氣息。

「小乖，你現在快樂嗎？」我問。

「快樂啊。我為什麼不快樂？」小乖還是笑嘻嘻的。

「真的快樂？」

「真的快樂啊。」他身子往後，靠在椅背的軟墊上。「住阿嬤家的第一個月，我很不習慣，每個晚上都睡不著，失眠得很嚴重，我覺得這世界上沒有人要我、沒有人在乎我，想到這些事，我就忍不住一直哭，哭到後來很累。有一天，我下定決心，從今天起，我不要再自怨自艾，我要開心地過每一天。既然我的父母、阿嬤，只會用錢來籠絡我、敷衍我，那我為什麼不認真花錢，讓自己開心一些？」

小乖注視著我，他的雙眼澄澈：「老師，我知道我現在比以前更虛榮，妳很不喜歡虛榮的人。但是，除了錢，我還剩下什麼？妳說過，物質帶來的快樂很空虛，這點我也知道。可是沒有錢，我的日子更空虛。妳可以理解嗎？這是我此時最安定的生活方式了。」

＊

每個人都有自己的求生之道。

在小乖之前，我從未經歷過如此複雜的家庭組成；在小乖之後，我相信類似的處境也很難再找。小乖的妹妹，與一群和她沒有血緣關係的人住在一起，沒有人問過她的心情。小乖的母親，在家庭成員的取捨中，沒有選擇小乖，不過，在這之前，她至少也做了十幾年盡責的母親，小乖的離開，她沒有表明，但我想她多少也是很難過的。至於叔叔所帶來的兩個小孩子，有誰去給他們說故事呢？他們想必也是誠惶誠恐地想著如何適應這般奇特的家庭。

我親愛的學生陳小乖，他讓我認清了學問並不能解決人生的難題。我起初很介意，陳小乖是我唯一教過之後成績反而退步的學生。沉澱了幾個月，我重新回想陳小乖說過的話語。他說得沒錯，在大人把他像枚棋子移來換去的時光，叫他認真讀書真的很愚蠢。

他的成績失常了，他變得更虛榮，可是他走過來了。

我突然間很欣賞他，以十五歲的年紀，他表現得比身旁的大人成熟多了。

第3個家

必須過動。

「過動症」可能是一個標籤，也可能是從天而降的神仙索。

Unbearable bond of love

少女若娃非常美麗。

第一次見到若娃時，我不得不驚豔於她的美貌，忍不住在心底屏息，好漂亮的孩子啊。白皙薄透的肌膚，秀挺的鼻子，一張櫻桃小口，長而柔軟的秀髮鬆鬆地垂落肩頸。四肢細長，瘦不見骨的穠纖合度。然而，若娃最出色的，莫過於她那雙眼睛。我窮盡了形容的心思，也不如抄《老殘遊記》的筆法：「那雙眼睛，如秋水，如寒星，如白水銀裡頭養著兩丸黑水銀。」

容我做個小小的自白，見到若娃的那一刻，縱為人師，也不免起了妒羡比較的心態。

反觀若娃的母親，和女兒呈現極大的對比，以台灣女性的平均身材而言，她還算高，很胖，臂膀的肉掉出衣袖，晃來晃去。她說，叫她楊太太就好了，她丈夫姓楊。

「我的標準非常簡單。」經過基礎的自我介紹後，楊太太如此說道。

非常簡單，這是很新鮮的說法。一般家長了不起是說：「我的標準不會很高」（縱然這樣說，也不能輕信）；在這裡，楊太太的說法是：「我的標準非常簡單」。

我點了點頭，邀請她說下去。

楊太太氣定神閒地繼續說道：「去年，我好姐妹的寶貝女兒考大學，也不知書是讀到哪裡去了，成績一出來，天啊！每一科都慘不忍睹。我朋友又花了一筆錢跑去給人家做什麼落點……落點分析對吧？對方告訴她，妳女兒全台灣只剩下幾所學校可以念，每一間都在偏遠地區。」

楊太太嘴角輕扯，沒笑出聲：「我朋友嚇死了，準備了一大堆東西，帶著有力人士，去拜託附近大學的校長，讓她女兒入學。結果，老師妳猜校長跟她說什麼？人家看了一下她女兒的成績單，當場笑出聲來，說：『就算全部都選B，也不至於考這麼爛』。」

楊太太再也忍俊不住，掩嘴大笑，若娃看母親笑，也輕輕地笑了。

氣氛很輕鬆，我也跟著揚起嘴角。

「老師──」楊太太忽然收起笑臉，斂色道：「我的標準就是這麼簡單，不要讓我陷入那種處境，得拿著女兒的成績單，一間間學校拜託人家收留。我女兒上國中以來，最好的名次是班上第三十三名，他們班也才三十九個人。這樣子的學生，妳有辦法教嗎？」

「我會盡力。」

這是我一貫的官方回答。

沒真正下水之前，說冷說暖，都沒有意義。

楊太太點了點頭，她看著我，眼神閃了一下，語調有了些變化：「那個，老師，有一件事情麻煩妳注意一下，就是，那個啊……妳每上課三十分鐘，最多不要超過四十分鐘，請讓我女兒休息一下。因為……這孩子的注意力比較沒辦法集中，上太久的課會很累。」

「她的注意力沒辦法集中？」為了之後教學上取得共識，我必須問得更詳細。

「對啦。哎，說這個也不知道妳懂不懂，我們家小孩有ADHD，就是一般人俗稱的過動症啦！妳聽過嗎？妳有帶過這種情況的小孩嗎？」

我驚訝地轉身看向若娃，若娃對我投以淡淡微笑，她的坐姿端莊筆直，雙手微微放鬆，向前握著膝蓋，像一尊美麗的洋娃娃。

我絕對不是第一個做出類似反應的人，若娃的眼神透露出一些慣然。

不等我反應，楊太太自顧自地說了下去：「看不出來對吧？所有看過她的人都說：『生得這麼漂亮，一雙眼睛這麼有靈氣，應該是個聰慧的孩子，怎麼可能有過動症？』偏偏——這孩子就是有過動症啊。」楊太太嘆了一口氣，憐憫地看了女兒一眼，母女倆相視一笑。楊太太又說道：「為人父母的，生出這種特殊的孩子，還能怎麼辦呢？只能夠更盡心陪伴照顧啊……」。

我點了點頭。內心有點不自在。楊太太的語氣很奇怪，聽起來不只在抱怨，還同時存在著一種淡淡的欣慰。尤其是她和若娃相視而笑的舉止，更是詭異得難以形容。

懷疑的思緒縈繞在我的心頭，但我很快就壓抑下去。這份工作很吸引人。楊太太要求課程從八點上到十點。一個星期兩天，和我的行程很切合，我有幾個晚上得上課到六點半，七點的家教我趕不上。最重要的是，她給的薪水較行情優渥許多。

確定了上課的時間後，我從自己的袋子裡拿出教材跟瓶裝水放在桌子上。瓶子剛從宿舍冰箱取出，瓶身微微冒出水珠。見狀，楊太太臉色大變，她起身，快步走到我的位置，抄起桌上的杯墊壓在瓶子底下：「老師，這張桌子是原木做的，一張就要三十萬。這麼完整的木材，現在已經很難得了。我的意思是，這種桌子很怕水氣，老師以後拿出水瓶時，請在下面鋪上墊子。」

「啊啊——真是非常對不起，我以後會注意的！」

楊太太慎重地用衛生紙按壓方才水瓶置放的地方，我站在旁邊，一臉尷尬。等她處理完了，我從袋子裡取出其他教材，若娃也在桌上擺好了鉛筆盒和文具。我在腦海裡稍微預演一下今日的進度。第一堂課的主要內容，多半是擬出一個日後學生讀書的大方向，我會詢問學生日常作息、讀書習慣和做筆記的方式等等。

在我提示可以開始時，楊太太仍坐在若娃旁邊。

「我們要上課了哦。」

「老師可以上課了。」楊太太比了一個請的手勢。

「阿姨習慣坐在旁邊跟課嗎？」

「對啊。之前的家教老師，我也是坐在旁邊聽。」

「這……」雖然無法親眼目睹，但我猜想當時我的臉色一定不太好看。

「有什麼不對勁嗎？」楊太太問。

「怎麼說好呢——」我抓著頭皮，努力翻找比較委婉的用詞。「阿姨對我的教法感到好奇，我可以理解，但根據我過往的經驗，只要家長待在旁邊，小孩子會禁不住想要迎合母親，是以做出不符實際學習狀況的表現。輕微的狀況是他不會誠實地說出他的想法，最糟糕的情形是『不懂裝懂』，明明不會，可是他怕母親不高興，於是假裝他會。阿姨既然捨得花錢請家教，無非是希望女兒擁有更好的教育品質，所以，不好意思……可能得先請阿姨離場，在稍遠的地方旁聽好嗎？」一席話看似合情合理，我卻流了一身冷汗。

「是這樣子啊——」楊太太蹙起了眉頭，上下打量著我。

若娃興致盎然地來回看著我們。

她似乎沒意識到，眼前的光景叫作「僵持」。

幾秒鐘後，楊太太不情願地站起身子，推開椅子，緩步往門的方向移動：「既然這樣，那我去旁邊的房間看雜誌了。對了，門請保持開著，不要把門關起來，我想要聽得仔細一點，說歸說，我女兒是個特殊的小孩，她若有什麼突發狀況，我也能幫忙處理。」

「好的。謝謝阿姨。」我相信楊太太已經做出很大的讓步。

經過一番波折，我跟若娃之間的課程總算開始了。

＊

我很快就察覺到這對母女十分不對勁。

一般情形，我會和學生交換手機號碼及通訊軟體的帳號，用意是方便學生發問，避免問題逐漸囤積，畢竟，問題累積到一個程度時，學生對於該科的學習意願也會跟著下滑。

這個方法的優點是可以即時反應學生的困惑，危險自然也在於它的即時性。我曾聽過一位家教老師，短短一個晚上接獲學生傳的二十幾則問題，她握著手機敲到十指發軟。所以，我會和學生形成默契，以通訊軟體提問，僅適用於問題數量不多的時候。

「這是我的手機號碼跟通訊帳號，妳有問題可以拍下來，傳給我。」

我信手撕下一張便利貼，寫下自己的聯絡方式，遞給若娃。

若娃看著紙條上英文跟數字的組合，歪著頭，若有所思地說：「可是，我很少用手機欸——」

我仰起臉來，注意力完全被這句話給吸引了。

近年來，越來越多人意識到，青少年對智慧型手機成癮的危險。

曾有一位家長向我傾訴：「老師，妳上課的時候我不知道，可是，妳不在時，沒有一秒鐘離得開手機，低頭滑來滑去，吃飯也滑，寫功課也滑，一邊寫一邊滑，對著手機嘻嘻笑，不知道在看些什麼。她上次段考退步很多，我很生氣，氣到沒收她的手機。沒想到我女兒竟然在哭著在地上打滾，求我把手機還給她。一個十五歲的小孩，為了一支手機哭成這樣，我光是看著都快不能呼吸了……幫我勸勸她好嗎？」

那位家長的女兒，叫作荳荳。

上課時，荳荳把手機放在伸手可及的位置，中途休息五分鐘，她第一件事情就是拿起手機，著迷地看著發光的螢幕。我向來不干涉荳荳的行為，至少她上課時很專心。

下次上課，我半開玩笑地問荳荳：「看啊，我認真教妳沒用，我走了妳不複習，成績都掉光光了。聽媽媽說，我不在的時候，妳都在滑手機啊？手機有這麼重要嗎？」

「當然，手機是我的第一生命！」荳荳堅定地說道。

「為什麼？因為手機裡面很多好玩的小遊戲嗎？」

我嘗試以不帶任何預設立場的方式跟荳荳說話。

這是我多年下來的心得，孩子們對於「惡意」的偵測十分靈敏，一旦他們警覺到跟他們說話的人「來者不善」，會毫不猶豫地縮回自己的殼裡。

「不，手機的小遊戲一下就玩膩了。」荳荳回答。

「那手機為什麼這麼吸引人呢？」

「很簡單啊，有了手機，我可以登入line，登入facebook，登入任何社群軟體，我可以知道別人在做什麼，我可以按讚、留言，分享我的生活，而我的朋友們也這麼做。我媽常說，網路上的一切都不是真實的，才不是這樣呢，網路世界跟真實世界是有關聯的，你在現實生活中擁有越多朋友，你的網路世界也不會太孤單。大家會去給你按讚、留言啊。」

我點點頭，荳荳的表達很精彩。

這也是這個職業的附帶價值，我可以知道，比我年輕許多的人到底在想些什麼。

荳荳狐疑地看了我一眼，評估著是否要跟我講得更深。幾秒後，她哎了一聲，有些青澀，也有些老成地說道：「一旦沒了手機，這一切就中斷了。我看不見別人，別人也看不見我，像是被困在一個鳥不生蛋、狗不拉屎的地方，感覺被孤立了，這很恐怖。」

「沒錯，這我能懂，我跟妳一樣大的時候，最怕的事情就是被孤立。」

荳荳的回應讓我想起我的青少年階段，在我國、高中時，只要有一件事情，是大多數同學知道，而我卻不知道，我就會很焦慮，急著想得到那件事的相關資訊。

我突然懂得她的感受。

「老師，妳也懂我的感覺吧？」得到我的共鳴後，荳荳睜大眼，很雀躍地說了下去：我寧願對別人撒謊，說我手機送修，也不會承認我的手機被沒收了。天啊，我媽認為沒收手機是『為我好』，不，她不知道，她這種想法把我害慘了。」

荳荳聳聳肩：「我不會跟她爭論，反正大人總認定他們是對的！」

「網路，是唯一理解他人生活方式的媒介嗎？」

「不是，但網路是很重要的媒介。哎，」荳荳雙手托著自己的下巴，老氣橫秋地開口：「老師妳不懂啦，以前你們沒有智慧型手機，頂多就是寫寫信、傳紙條、打電話，回到家就可以做自己想做的事。我們現代的小孩很苦命，回到家，還要繼續跟同學 social 耶……」

＊

聽到若娃說出那句「我很少用手機」，幾乎激發出我滿腔的好奇心。像是看到什麼奇特的生物，讓我想好好觀察：「若娃，妳的手機是智慧型手機嗎？」

「是啊，我的手機是A牌。去年的生日禮物！」

「拿這麼好的手機，應該更愛不釋手啊。」我更困惑了。

「之前會拿來下載韓國偶像的ＭＶ，但是手機螢幕好小，看起來好累，還不如用電腦看，我的電腦螢幕很大台哦，媽媽怕傷眼睛，就買很大的螢幕。」

「除了看ＭＶ，手機還有其他用途吧。例如，和朋友聯絡？」

「我也想拿手機和朋友聯絡啊，不過……」

若娃沒再說下去，嘴唇抿著，一雙大眼盯著我，有些為難的樣子。

「妳不想說也沒關係。」

「哎喲，不是我不想說，只不過……好啦我乾脆直說，因為我媽會偷看啊。」

若娃捧著自己的臉，做出一張鬼臉。

即使如此，她看起來還是比許多人可愛。

「我到國中才擁有屬於自己的手機，第一次買手機，媽媽就給我買智慧型手機。一開始我很興奮，在裡面裝載了好多通訊軟體，我的同學們也很興奮，紛紛加入我的帳號，傳了好多訊息給我。那時候，我跟我朋友都很開心，這樣聯絡很快、很方便，又不用錢！但是，之後發生一件令我有點介意的事情……」若娃停了下來，定定地看著我：「妳不會跟我媽告狀吧？」

「不會。」我做出保證，心中很猶豫，假使若娃告訴我的事情很嚴重呢？

「有一天，媽媽突然叫我不要跟某個女生來往，她說那個女生說話很輕浮。我覺得莫名其妙，媽媽根本沒有實際和那個女生見過面啊，該不會是媽媽偷看我的手機吧？原本也只是猜想而已，不是很確定。過了幾天，我在浴室洗澡，手機放在房間。我媽沒有經過我的同意，用我的手機打給那個女生，要她傳訊息的時候不要夾雜那麼多髒話。那個女生嚇死了，隔天，我一到學校，她交給我一封很長的信，說自己從今以後必須跟我保持距離，她也跑去跟很多同學哭訴，說我媽媽很恐怖，不僅偷看自己小孩的簡訊，還會打電話『警告』別人。我在班上的處境從此變得很尷尬，大家不會跟『媽媽管很多的同學』走太近。」

若娃陳述時，我又想起了荳荳，她們的說法有許多相符之處。

「妳可以設定密碼啊，很多通訊軟體都有這種功能。」

「我當然試過了……」若娃沒好氣地說道：「看完信之後，我很傷心，馬上設了密碼。沒想到媽媽居然為此氣得發抖，她說：『若妳沒有做虧心事，為何要擔心媽媽看妳跟朋友的聊天訊息？』我無話可說，我也不想讓媽媽認為我有做虧心事，只是覺得很奇怪……」若娃的雙手絞在一起，語氣有些壓抑：「我只是想要輕鬆地跟朋友聊天而已，難不成這樣也有錯嗎？」

此際，眼前一大團的紊亂中，有一截小小、短短的線頭亮了出來。

我陷入了兩難。家長是付我薪水的人，若以這個角度切入，我最聰明的做法，就是把若娃所說的一切拋諸腦後，專注在教書這件事情上，可是，看著若娃彷徨的神情，我發現自己做不到。幾經思量之後，我戰戰兢兢地開口：「妳有沒有考慮過，和媽媽商量一下，請她不要再檢查妳的手機了？好好說一下，媽媽或許可以諒解的。」

「不可能。」若娃不假思索地搖頭：「媽媽有說過，她是我最好的朋友，我們之間不可以有祕密……就像她也會把自己的事情告訴我。」

「所以，妳就不再用手機跟朋友聯絡了？」

「對。我很累，同學也很累。他們跟我抱怨，跟我說話要很注意用詞，免得我媽哪天心血來潮，突然打電話過去罵人。久而久之，他們不太喜歡跟我聊天，最後，幾乎沒有人傳訊息給我了，即使有，也是討論一些功課和考試的事情，他們不會和我聊天。」

若娃給整段故事下了註解：「我有時候很困惑，媽媽也會把自己買鞋子的發票丟掉，免得被爸爸發現，可是媽媽卻可以不用管我的心情，直接看我的手機，這不是很矛盾的事情嗎？」

在她說話的此刻，整個人的神容竟淡淡地散發著經曉人事的世故。

這情此景，令人不由得怵目驚心。

仍有不少亞洲的家長服膺權威式的管教方式，他們相信，上對下的模式有助於親子關係的穩定；介入孩子的私領域，也是保護孩子的有效手段之一。在這種氛圍下，強調孩子隱私權的聲音，往往會被壓抑，甚至遭受到負面的攻擊。

曾有一位家長跟我說過：「在小孩子無法為自己的作為負起全責之前，既然父母可能得承擔小孩犯罪的責任，就有監督的義務。看孩子的日記、書信和往來通訊，合情合理。在小孩子成年之前，他們尚未成為一個獨立的個體，自然也是沒有隱私權的。」

在這樣的說法中，「比例原則」四個字不見了。

若娃即身歷其境。

＊

跟若娃的課程穩定下來，我得正視一個事實：她的基礎概念幾乎一片荒蕪。

若娃國三了，「先乘除、後加減」的概念仍需要我反覆提醒，分數與小數點的轉換掌握得很差勁，她曾說過：「一又二分之一就是一點二。」壓倒駱駝的最後一根稻草，是她的記性，她的大腦彷佛一片沙漠，不管我在上面刻了多重的字跡，挖了多深的溝，過了兩、三天，若娃會滿臉歉意地請我原諒，她又忘光了，一點印象也沒有。

週考、段考、模擬考，每一張考卷發下來，永遠是遍地開花，整片的猩紅刺目。

奇怪的是，對此楊太太永遠保持一貫的從容，似乎很習慣女兒拿這樣的分數。她依然不冷不熱地招呼我，依然在桌子上備齊茶點，依然笑臉盈盈地注視自己的女兒，了不起只是在走去隔壁小房間時，清清淡淡地說一句：「麻煩老師再加強一下。」

和楊太太一以貫之的冷漠相較，我的教學熱情倒是漸漸乾涸。拿起考卷，對於一再處理相同的題型感到厭煩。一日，若娃又帶回一張三十六分的考卷，檢視整張考卷，裡頭有將近八成的題型，若娃已做過很相仿的練習，我把考卷擱置一旁，換個方式檢討。

「平常在學校上課的時候，妳都在做些什麼呢？」

「發呆、放空，等下課。」覺得自己的答案很有趣，若娃輕輕地笑了出來。

「每一堂課都這樣？」

「對啊，」若娃舔了舔自己乾燥的嘴唇：「我從國小就是這樣，每一堂課都好無聊，坐在教室裡根本就是浪費生命。所有人都在忍耐，都在等下課，只是有沒有表現出來的差別。一樣的事情，今天講了明天又得再重複，要一而再、再而三地複習。學這些有很重要嗎？一次函數、二次函數，很重要嗎？媽媽說，數學不用學得太深，只要買東西會算錢、找錢，那就夠了。」

我心底一涼，沒有多言。

若娃不想學習是理所當然的，這是她母親一手栽培出來的結果。

「那妳喜歡什麼？」

若娃的大眼睛溜了一圈：「當然是和媽媽逛街啊，最喜歡和媽媽去逛百貨公司了，每一季，百貨公司都會上新品，不同季有不同的流行。媽媽最喜歡買鞋子和化妝品，很多櫃姐都認識她，她是大戶，她一刷卡就是好幾萬，還可以換一堆贈品！」

「好，除了逛街，還喜歡什麼呢？」

「吃好吃的餐廳！」若娃咧開嘴來，一口漂亮的貝齒露了出來：「媽媽是夜貓子，她看電視看到很晚，醒來時也差不多中午十二點、快要一點了。她中午只有一個人吃，吃得很隨便，吃完就去逛街、做頭髮或者是去spa，反正就是等我放學。媽媽很在乎晚餐，晚餐有我陪她聊天，她喜歡那種點幾道菜，可以坐很久的店，一邊聊天，一邊吃飯。」

在若娃的協助下，我很輕易地在腦海中勾勒出楊太太的一天，很明顯地，她是個日子不虞匱乏、卻也孤單寂寞的人，女兒去上學的幾個小時，她無聊到得四處打發自己的時間。

緊接著，若娃神祕兮兮地笑了笑：「偷偷跟妳說，媽媽以前很瘦，拍婚紗照那天，她還不到五十公斤，現在胖了至少二十公斤，妳就知道媽媽晚上有多會吃了。老師難道沒有發覺，為什麼我們很常跟妳更改上課時間，叫妳晚半小時再來嗎？那是因為，有時老師快來上課了，媽媽卻還在吃她的甜點啊——」

語畢，若娃笑了起來。

她覺得母親為了多吃幾口晚餐，打電話請家教晚點來上課，這件事很好笑。

若娃並不知情，她所敘述的這個情境，造成我多大的困擾。

楊太太經常在課程開始的半小時前，匆忙掛一通電話過來：「老師，不好意思，還在忙呢，可否晚一點再來？」她要我等待的時間不一，短則十分鐘，長則半小時。過往，我寧願相信，真有重要的事情耽擱了這對母女的行程，若娃卻誠實地告訴我，事情並不如我所想。

我有些不悅，可是，若娃沒有錯，我不能遷怒於她。

「好吧，除了逛街、吃大餐以外，妳還喜歡做什麼呢？」

「嗯……」若娃偏著頭，認真想了一下：「看韓劇！我跟媽媽每個晚上會一起看韓劇，今天要上老師的課，媽媽八點就會先看別的節目，等到十一點再跟我一起看重播。」

「十一點？那看完都幾點了？」

「一集有一個半小時，看完大概十二點半，偶爾一集會延長到兩個小時，看完就是一點了。」

若娃似乎真的很喜歡韓劇，在五分鐘內，便向我介紹了至少七、八檔韓劇，對於每一部韓劇的風格、領銜角色、主題曲和配樂等等，無一不是信手拈來，如數家珍，其中她最愛的一齣莫過於《祕密花園》，若娃並且與我分享她和母親的瘋狂行徑：「有一次，媽媽好不容易租到一整套《祕密花園》，我們從第一集開始看，看到凌晨三、四點才睡，只花了兩天就複習完全部二十集！爸爸說我們母女很誇張，上輩子搞不好是韓國人。」

不自在的感覺再次蔓延開來，某個環節之間出現了斷層。

「妳看韓劇的時候，也需要看三十分鐘，就休息十分鐘嗎？」

若娃還在興頭上，她的語速很快：「不需要！當然不需要！影片是租來的，沒有廣告，看起來很過癮。想上廁所的時候，才會按一下暫停。第一天晚上，一口氣看了快要八個小時。」

聞言，空氣彷彿長出了小牙齒，輕咬著我的全身。

我始終沒有向楊太太說明的是：在若娃之前，我其實教過幾位比較「典型」的過動兒。

而他們的表現和若娃截然不同。

＊

從此，我開始觀察若娃的一舉一動。我對於自己觀察若娃的心態感到不安，但我無法停止，太奇怪了，在若娃看小說、編手環或者陪母親吃飯時，她的耐心會一口氣長出來，安安靜靜地坐著好幾個小時也不生氣；她的記性很好，妳跟她提過的生活瑣事，幾個月下來她都能記得清楚牢靠，可是，前天才提過的公式，模擬了十幾次的題型，一轉身她又忘得一乾二淨。至於學校老師出的功課，若娃會以取巧的方式完成——隔日拿去學校抄。

我常常看著她，腦海閃過千百種念頭，其中有好的，也有不好的。

有一天，若娃服藥時，我禁不住好奇地問道：「吃這些藥，會對妳的身體——或者說大腦，產生什麼影響嗎？」

「我也不知道這藥是吃來幹嘛的，媽媽說這是幫助我安靜下來的藥。」若娃把嘴裡的水嚥下，口齒不清地道：「媽媽叫我吃，我就吃啊。」

「若娃，我問妳哦……」我拿捏著語言的進退：「妳認為妳自己有ADHD嗎？」

若娃轉過頭，看著我，我們眼神交會良久，她的嘴巴緊閉，眼底布滿緊張。

她八成沒有察覺，自己正有一陣沒一陣地摳著自己的指甲。

我明白到：我傷害到她了。

「沒關係，妳不用回答我——」我急著轉移話題。

沒想到，若娃主動打斷了我：「老師，偷偷跟妳說，我認為我沒有ADHD。我也不喜歡誰稱我『過動兒』，我並沒有正常吃藥，我常常把藥扔進馬桶沖掉。」

這下子，換我啞了聲，嘴巴動了又動，卻一個字也吭不出來。

若娃苦著臉，一點一滴像是擠牙膏般地吐出了真相：「我上國小時，上課喜歡放空，老師說我可能有注意力不集中的問題，建議我媽帶我去找醫生。一開始，我跟媽媽一個月要跑好幾間醫院，因為很多醫院的醫生都說我很正常，有注意力缺失的『傾向』不表示我是過動症的小孩。換句話說……很多醫生覺得我沒有必要治療。」

聽起來是值得高興的事，但若娃看起來有些沮喪，她又說：「媽媽很不甘心，一天到晚幫我安排不同間的醫院，找不同的醫生，回答不同的問題，搞得我煩死了，直到這位洪醫生，她說她願意開藥給我吃，媽媽才鬆了一口氣，我也不用在不同醫院間跑來跑去了。」

「所以，妳看這麼多醫生，不是每個醫生都說妳有ADHD？」

「對。」若娃答得有些有氣無力：「我也不曉得標準是什麼，有的說有，有的說沒有。只是……哎，媽媽最近又有新的煩惱了，她在找資料，想確定一下，像我這種情形的小孩，去考基測有沒有辦法加分，如果可以的話，她會去跟洪醫生商量看看。基測加分，對我很有幫助。」

我點點頭，低頭在記事本寫下：查詢過動症加分事宜。

在我安靜思考的分秒間，若娃又扔了一個炸彈過來。

「媽媽以前不是這樣的，是因為哥哥不在了，她才會變成現在這個樣子。」

「哥哥？」

「對啊。我有個哥哥啊，只是他很小就過世了。」若娃看了我一眼：「老師，妳的表情好好笑，有那麼嚴重嗎？」

我回過神來，笨拙地點頭：「是啊，我有點沒辦法接受，妳們沒有透露出半點徵兆。」

「是啊，哥哥的事，在我們家是大忌，一旦誰提起哥哥，媽媽會哭很久，哭到沒辦法停下來那種。我只是想強調……媽媽以前不是這個樣子的，她以前很瘦、很漂亮、身材很好，工作能力也很出色，在公司有眾多追求者，爸爸是其中之一。他們結婚後，媽媽想繼續工作，可是阿嬤身體不好，只能帶一個，哥哥年紀比較大，媽媽只好把他先交給保母。有一天，保母打給媽媽，說哥哥爬窗戶摔下去……人現在送去醫院了。」

若娃仍舊看著我，聲調沒什麼高低起伏：「老實說，我對哥哥不太有印象，哥哥過世時，我才一歲多一些，媽媽也不太喜歡跟我談他的事。哥哥的事多半是親戚跟我說的，那個保母把哥哥哄睡之後，人在隔壁的房間做事，哥哥睡到一半醒來了，找不到人很緊張，窗戶又開著，他站在床上往窗戶爬，整個人就掉下去了……他在醫院躺了一個禮拜，還是救不回來。」

我聽到腳步聲，緊張地往門外一看，楊太太好像正在找東西，走來走去，左顧右盼。

若娃也跟著我的視線往外看，她要我別在意，楊太太準備要出門了，她約了朋友吃消夜。

我回頭看著若娃，靜默了好半晌。

擁有祕密是辛苦的，擁有他人的祕密也很辛苦。

我與楊太太之間的互動，像是一張張幻燈片在我的腦海裡播映。她的漫不經心，她的心不在焉，她的寂寞孤單，對她我忽然有了截然不同的詮釋方向。

她失去過一個兒子。

楊太太原來失去過一個兒子。

認知到這件事，令我感到對不起楊太太，我對不起她，我曾經把她想得這麼糟，把她的一言一語、一舉一動，淨往不好的可能去猜想。

「哥哥死了之後，媽媽把工作辭掉，把我從阿嬤家接回來，一心一意地帶我。她喜歡把我當成很嬌弱的小baby，她喜歡照顧我，她怕我亂跑，出門會盡量抱著我。第一天去幼稚園，我很怕跟媽媽分開，一直哭，不吃飯，媽媽就把我從幼稚園帶回家，我再也沒去過幼稚園了。可是，國小是義務教育，不可以不去。有一天，便服日，我穿了一件好看的格子襯衫，釦子有一顆沒扣好，但是我不知道該怎麼弄，只好拜託隔壁同學幫忙，那個同學在全班面前取笑我，說我長這麼大，還不會扣釦子。我回家告訴爸爸，他們兩個人大吵一架，爸爸說，媽媽把我寵成一個沒有生活自理能力的笨蛋。」

「妳爸的疑慮也是很正常的。」

「我知道，爸爸在說什麼，我全部都知道。」若娃有些不快地把桌上的橡皮擦推開，橡皮擦滾啊滾地掉到地上，新光三越買的橡皮擦，上頭的標籤寫著三十元。

外頭傳來鐵門捲動的聲音，楊太太出門了。

「可是，我不能不管媽媽啊，她需要我，她想照顧我！」若娃有些生氣地抬高音量：「不按照她的意思走，她會很難過。所以，老師，妳懂嗎，我不能沒有ADHD，我不是在開玩笑！

妳沒有看過我爸以前的模樣。我剛進國小時，每一科都是倒數的。爸爸看到我的成績單，第一次氣到想打我，他說他這輩子沒有看過這種分數，可是，爸爸又說一切都是媽媽的錯，媽媽整天帶我去逛街、吃餐廳，學前教育沒做好，又不讓我上幼稚園，程度才會落後同學一大段。媽媽被罵之後很傷心，躲在房間不出門，也不讓我進去看她。我想幫她……可是我又不喜歡念書。」

「然後呢？」我問，聽到這裡，情節之中隱約有條線串了起來。

「隔幾天，媽媽問我為什麼不認真讀書，我跟媽媽說：『我不喜歡待在教室裡，上課的時候好安靜，我好害怕太安靜的地方』，老師也說我上課放空的時間很長，或許有注意力的問題。媽媽懷疑我有過動症，帶我跑了很多間醫院，到洪醫生這裡才停下來。媽媽拿著藥跟爸爸說，我這種小孩很辛苦，跟一般小孩不一樣，不可以拿一般的標準來要求我。」

「爸爸也認同了媽媽的說法？」

「爸爸最初很抗拒，他不相信我有ＡＤＨＤ，叫媽媽不要一天到晚讓我吃這些藥。可是，爸爸很忙，沒辦法分太多時間給我，幾年下來，他也慢慢接受了。現在，爸爸完全沒在管我的成績，他說，我不要太勉強自己，開心就好了。我們家不缺錢，我長大了也不需要工作，既然如此，學歷對我而言不是太重要的事。」

若娃停下來，她又有一陣沒一陣地摳起了指甲。

「前幾天，爸爸跟我說，我長得很漂亮，不用太擔心我的未來，只要把自己打理得漂漂亮亮的，找一個經濟條件不錯的男朋友，找不到的話，爸爸也會養我一輩子。」

「那妳想要過這樣的生活嗎？」我開口，聲音粗糙得像是磨在砂紙上。

「我不知道。」她轉過身，雙眼盈滿困惑。

「老師，我真的不知道，我不知道什麼是對的，什麼才是為我好。」

＊

「過動症」可能是一個標籤，也可能是從天而降的神仙索。

沒有是非對錯，我們必須讓自己的每一天過得更舒適、更心安理得。

我們必須讓自己不那麼害怕明天的降臨。

很多人想問，若娃最終考得怎樣？去哪裡了？

對於執著於結果的人，我可以說，我沒有辜負若娃母親的標準。但那不是一件值得說嘴的事，終究那是個很低、很敷衍了事的標準，甚至辜負了「標準」一詞。

不過，我更想說的是，若娃最終去哪所學校就讀，一點也不重要。若娃父親是證券公司的高階經理人，他和妻子只留下一個孩子，他不會讓他唯一的孩子受苦。

我可以想像得到，這對夫妻早已擬妥一份關於資產的規劃書。縱然他們先後離世，若娃也會有一筆足以供她一輩子維持現狀的財富。

無論若娃去了一間很好的學校或者很糟糕的學校，那都不會影響她的人生，她的人生已經定型了。她只是換了一個時空，發呆、放空、等下課，每個夜晚，陪著孤單的母親，在不同的餐廳裡品味精緻的餐點。三年後，若娃再度面臨大考時，楊太太可能會上網重新登錄資料。

之後，這對母女在家等待，等待一張新的面孔來按門鈴，來者可能很年輕，也可能有點年紀，總之，楊太太會對來者如此說道：「我的標準很簡單……」

那張價值三十來萬的原木方桌，屆時應該還在。楊太太或許會倚著桌子，表情豐富地講解，就像對我那樣，她會再複述一次「過動兒」的症狀與應有的處遇。

想到這樣的景象，往往令我失落得無法言語。

第4個家

私的迷思。

「穿上這制服，是一種格格不入的壓力。」

Private value

我從來沒見過這麼疲憊的一雙眼睛。

表面上，他看著我，但他的思緒其實早已飄到了很迢遙、誰也不知道的疆土。

偶爾，他會開口詢問：「我女兒最近的狀況，好嗎？」更多時候，他只是擠出一個不自然的微笑，搔搔自己的腦後，看著我，不知道要說些什麼才好。他總是工作到很晚。下班之後，他頂著兩丸泛紅的眼球，探頭進來，確認一下我們上課的狀況，他會很正經地跟我致歉：「老師，不好意思，我要先睡了哦。」之後，他會轉頭看向巧藝，用有些嚴厲的聲音命令她：「巧藝，待會送老師出門，要有禮貌知不知道？」

他往浴室的方向走去，沿途，他止不住地抓著自己的後腦勺，看著他蹣跚的背影，我這才發現，巧藝的爸爸頭髮掉得很厲害啊——從後方可以看見有些區塊禿了，亮出泛白的頭皮。

他步伐沉重地移動著，用力地用指甲抓著頭皮，發出令人不安的聲音。

現在想來，那顯然是某種訊息：他已經超載了。他想要一段屬於他的假期。他不需要搭上飛機或遊艇，抵達某座熱帶島嶼，光是待在自己的床上，好好地睡上一段超過十二小時的覺，他就能感到幸福。但他不能休息，這個家需要他。

台灣的就業環境漸趨嚴苛，他也有些年紀了，他得以更長的工時來證明一件事情：他不會被這殘酷的社會給淘汰。他無法想像自己，有一天將成為「失業人口」的其中一個數字。

＊

巧藝是我第二個學生，一位學姐太忙了，把自己剛接下的案件轉給我。現在回想起來，巧藝父母給的時薪很不漂亮，但在學姐慎重的拜託之下，我也抱持著認真的態度接下這個案子。在巧藝之前，我教過一個國中女孩，但時間太短了，我對那名女孩的記憶不深。

我很常把巧藝記成是我的第一位學生。

一進去巧藝家，我很快注意到，這個家平常時候只有巧藝一個人。

巧藝的母親目前在娘家的茶園工作，自然也住在娘家。隔週六日，母親會帶著兒子北上與丈夫和女兒重聚。農忙季節，母親最長得一個半月才能回家一次。

「這樣分開居住，感覺好辛苦啊。」

「沒辦法，我跟弟弟都在念私校，需要很多錢，爸爸說媽媽也得出去工作。可是，媽媽學歷不高，也跟職場脫節很久了，她之前找的工作都很糟，外婆叫媽媽乾脆回去幫忙採茶，她付的薪水比媽媽在台北問到的好得多。」

「弟弟呢？」我問。

「跟媽媽住在一起，媽媽說爸爸一個人顧兩個太累了。」

巧藝的語氣倏地冷了下來，

我想她很羨慕弟弟吧。

我只比巧藝大上兩、三歲，為了讓我們相處起來活潑一些，我請巧藝稱我「姐姐」。也因為我們採取一個比較親暱的稱謂，連帶影響了我們之間的互動模式，我指導巧藝的課業問題，與她分享我的求學經歷，巧藝也會與我討論她私底下的生活。

巧藝很孤單。

這個家的女主人長期不在，男主人工作時間又長，環境於是變得凌亂且昏暗。

每次上課，我跟著巧藝的腳步，見她一一打亮玄關、客廳的燈。光線打下來之後，很難忽略桌上堆疊的各式信件、繳費單和廣告文宣等等。巧藝沒有整理，也沒有人教她如何整理、分類那些信件，她只是把它們從信箱整串拔出來，再扔到桌上。

「妳晚餐吃什麼？」

她指了指桌上的塑膠餐盒：「超商的微波食品。」

「每一天？」

「大部分。」她沉思了一下，做點補充：「有時候，會吃麥當勞。」

「怎麼不和同學一起吃晚餐？」

「爸爸不允許。」巧藝翻了個大白眼：「他看了太多電視新聞，被新聞搞得緊張兮兮，他有偏見，覺得年輕人聚在一起就會做出危險的事來。所以，他規定我一下課就必須馬上回家。一個禮拜有一、兩天，他會打電話回來查勤，確定我到家了。」

我想起那雙疲憊的眼睛，沒辦法告訴巧藝，她父親的做法有什麼不妥。身為一個必須工作到八九點才能回家、家中又只有他與女兒的父親，他得把女兒管好。

巧藝的身上穿著充滿設計感的漂亮制服。

她在十個公車站距離的私立高中就讀，那間學校的風評向來很好。每一年，大學分發結果揭曉，該所學校的外牆便高高掛起紅布條，出色的錄取名單很能吸引過路人的目光。

我認為巧藝很幸福，在我眼中，讀私校隱約就是一種「與眾不同」的宣示。

這種觀點與我的背景有關，我的母親曾經很直白地表明，私校太貴了，她不會出錢供我念私校。

一次上課，我進去巧藝的房間。床上、桌上和地上，散布著膠水貼紙和剪得零碎的彩色紙片。「老師，再等我一下，我快好了。」巧藝跳到床上，盤腿而坐，抓起剪刀與一張桃紅色的西卡紙，飛快地裁起紙張。

我坐了下來，隨手拿起一只邊緣修得很圓滑的愛心：「妳在幹嘛？」

「我在做生日卡片。」巧藝搥了搥自己的肩膀：「昨天熬夜做了三小時，還剩下一些裝飾，只要再寫上祝福的話語，這次的卡片就完成了。」

我瞧了一下書桌上的半成品，雖說是卡片，卻更像是一本小手冊，有封面，也有內頁。內頁主要是某個女生的照片集，有個人照，也有她與巧藝的合照，每一張照片旁邊都有巧藝下的標題，例如：「在百貨公司玩起自拍的我們」、「段考結束了，在桌子上呼呼大睡的妳好可愛」等等。書背的邊框黏著芥末綠的紙膠帶，正中央有一行金色的麥克筆字跡「要當一輩子的好朋友」，字的旁邊貼滿了細碎的小水鑽。

我把玩著那本手冊，對巧藝的手工很是驚豔：「是誰過生日？看妳這樣大費周章。」

巧藝仍專注在手上的西卡紙，沒有看我，嘴巴吐出一個人名。

「她是誰？妳很好的朋友嗎？」

「還好。」巧藝迸出了令我意外的答案：「算是普通交情。」

「只是同學，幹嘛做這麼精緻的卡片送她？」

巧藝沒有答腔，她站起身，打開衣櫃，從中取出一個喜餅盒，巧藝打開那個盒子的瞬間，我的眼睛也跟著亮了起來。毋庸置疑，那是一個少女的百寶箱。裡面躺著 Anna Sui 的小香水，S牌的水晶項鍊和偶像明星的卡片，幾枚小吊飾等等。

巧藝的眼神很溫柔，這個小盒子收集了她所有珍藏的小物。

巧藝拿起其中一條白底藍點點的小手帕，放在鼻間吸了一口，露出心滿意足的笑容：「這是今年那個女生送我的生日禮物，姐姐猜猜看，要多少錢？」

「五百？」我不太誠實，因為我心中浮現的數字只有三百。

多出來的兩百是不想辜負巧藝期盼的目光。

巧藝用力搖頭，興奮地糾正我，語氣幾乎是炫耀了：「不、不，這條要一千二！」

我從巧藝的手上接過那條手帕，就著熾白的桌燈，仔細端詳。

「我不懂，就只是一條手帕啊——」

巧藝把手帕拿得更近些，指著一行繡字：「姐姐看不出來嗎？這手帕是K牌的。」

「我認識的品牌不多。」

「是嗎？」巧藝的臉蛋垮了下來，我的反應令她很失望。

巧藝輕手輕腳地把手帕摺好，放進盒子裡，關上蓋子，抱著盒子嘆了一口氣。

「姐姐，我覺得我家實在太窮了。」

我眉頭一皺，巧藝的思路轉了一個大彎，害我有些跟不上。

巧藝有些怨懟地說道：「我最好的朋友……她的媽媽在這學期捐了三十萬給學校，老師很開心，在全班面前表揚她。回家後，我問爸爸，可不可以也捐十萬？爸爸說不行。我讓步，改問捐五萬好不好？爸爸非常生氣，他罵我不知感恩……」

我聆聽著，心中湧現奇妙的情緒。

巧藝看了我一眼，問道：「姐姐有念過私校嗎？」

「我幼稚園好像是私立的，太久了，有點忘了。不過，從國小到大學，我都是念公立的。」

巧藝幽幽地說道：「姐姐，妳知道嗎，我真羨慕妳……」

「羨慕我？妳瘋了嗎？」我失笑，搖了搖頭：「拜託，多少人才羨慕妳。」我指著掛在書桌旁邊，那一身好看的制服：「別的不說，光是妳身上的制服，有多少人想穿啊。」

「可是，沒人知道……」巧藝苦著一張臉：「穿上這制服，帶給我多少壓力。」

「壓力，妳是指讀書的壓力嗎？」

除了亮眼的治學績效，那所學校的課業壓力也很出名。

「不是讀書的壓力，是一種格格不入的壓力。」

巧藝的表情很認真，她不是在開玩笑，我收起笑臉，以相同程度的嚴肅回應她。

「格格不入的壓力？」

「嗯。」巧藝輕輕地點頭，眉頭蹙起，她的嘴開了又闔，像是魚缸中吐泡的金魚。

幾秒鐘後，巧藝有些不情願地開了口：「姐姐，我國中才開始讀私校，也就是說，我國小念的是公立的，那時我很幸福，同學們都說，爸媽對我很大方，還會帶我出國玩。進入私校之後，一切都變了，在私校，同學們大部分認為出國旅遊是很平常的事情。我的父母反而告訴我，私校的學費很貴，他們無法再帶我跟弟弟出國了。我很挫折，第一次明白到我家其實一點也不有錢，跟私校的同學一比，我家搞不好還算是窮的。」

「巧藝，妳在說什麼傻話啊。」我拍了拍臉頰，無法接受巧藝有這般的想法。

「不，姐姐，妳聽我說，我不是在無病呻吟……」巧藝的臉跟耳朵也紅了起來，她急著想要說服我：「妳知道嗎？讀這所學校的學生，家裡都有錢到爆炸，有的家裡開公司，有的父母是醫生、教授或律師，包括某官員的女兒也在這間學校。假若他們知道，我爸在拉保險，我媽在茶園裡採茶，一定覺得很不可思議！」

我沒有說話，巧藝看起來很激動，眼淚在她的眼眶裡打轉，她很努力地不讓眼淚掉下來。

「職業是沒有貴賤的，父母也是沒有貴賤的。」

躊躇良久，我只能軟軟地吐出這句沒什麼說服力的話。

「我不是說我父母不好，我的意思是讀私校把我搞得很心煩。我不得不去想，我和其他同學根本就是不同世界的人。他們動輒送出好幾百、甚至上千元的禮物也不會心痛，我不是，我沒這麼多零用錢，我沒辦法回送等值的禮物，只好認真做卡片，大家以為我喜歡做這些，才不是呢！做一本這個，要洗印照片、找貼紙、想祝福的話，我一想到就很煩。」

「妳可以告訴他們，請同學不要送這麼貴的禮物。」

「不——姐姐，妳實在很不了解這裡面的生態。我寧願做卡片做到死，也不想被他們認出我跟他們的不同。哎，爸爸說我很自私，弟弟之後要回台北念書，媽媽搞不好也會一起搬回來，不在茶園工作了。屆時家裡的收入變少、支出變多，凡事都是錢錢錢，我竟然還在想捐錢的事。」

原先，對於巧藝的言論，我心底有些不以為然。然而，聽完巧藝的心境，我再次環視這個房間，灑滿床的紙花紙片、裁剪下的照片邊緣、散落一地的美術用品，以及坐在中間，一臉無助的巧藝，我有些明白了，她是真的很辛苦。

一次，巧藝要求禮拜天加課，我首度在週末時段前往她家。

下課後，經過客廳，難得地，客廳坐著一位婦人和一名小男孩，小男孩目不轉睛地看著電視，婦人則看著我。我站在原地想了三秒鐘，才意識到婦人是巧藝的母親。

婦人露出友善的微笑，離開沙發，她把巧藝喚了過去，遞給她一張五百塊鈔票：「去那間轉角的店買泡芙給老師吃。」

巧藝溫馴地點了點頭，正要往玄關走時，巧藝媽媽拉住她的手臂：「帶弟弟一起去。」

電視前的小男孩發出不甘願的呻吟：「姐姐自己去就好了。」

婦人的聲音輕柔，卻帶有不容拒絕的威嚴：「快點，把電視關掉，跟姐姐一起去。」

少了電視的干擾，姐弟倆也離開了，客廳一下子變得很安靜。

「老師，先坐下來吧，那間甜點店要排隊，他們至少要四十分鐘才會回來。」

巧藝的母親給我倒了一杯水，坐在我左側的小沙發上，她的雙手交握，憂心忡忡地看著我。至此，我已經很確定，她有話想要對我說。

我全身僵硬地坐下，不敢說話，她的出現太突然了，不在我預期之內。

見我這樣拘謹，巧藝母親先釋放出善意：「老師，我要先謝謝妳，妳的學歷很好，又很願意花時間聽我女兒講話，妳來了之後，巧藝時常在電話中提到妳，她一直很渴望有個說心事的對象，現在，有妳的陪伴，她在家也不會那麼孤單了。」

我點了點頭，困惑地注視著她，她特地將我留下來，不可能是為了說這些。

看穿我的疑問，巧藝的母親沉默了幾秒，像是下定了什麼決心。再次開口時，便切入正題：「老師，這些日子，巧藝有沒有跟妳說什麼關於家裡的事？」

「哪方面？」家裡的事，這四個字涵蓋的範圍太廣了。

巧藝的母親清了清喉嚨，把話說得更仔細：「她有沒有抱怨家裡的一些狀況？我這孩子最近不知道怎麼搞的，對我愛理不理，問她什麼也不好好回答，這也沒關係，我知道我平常跟她分隔兩地，她有怨言在所難免。可是前天晚上，她在電話裡罵我笨，說我不夠關心這個家。聽到這句話，我嚇得沒心情做事，等弟弟週末放假，我趕緊帶著他跑回家。今天早上我問巧藝，她也只是冷冷地看了我一眼，叫我自己去想。」

巧藝的母親自嘲地笑了笑：「我丈夫是個不苟言笑的人，電視新聞又看多了，整天在那胡思亂想，長期下來，巧藝也不願把自己的事情跟她爸說。至於我，她內心多少有些埋怨，這一次也不太想跟我談。老師，妳可能有印象，這孩子近日有沒有跟妳說了些什麼？我晚點要回娘家了，最近娘家也忙，我回台北，也是把很多事丟給我父母做。巧藝的事再沒有頭緒，我也只能懸著一顆心去搭車了。」

在她的臉上，我讀到跟巧藝父親十分相似的情緒：疲倦。

這也是一張飽經風霜的臉。根據巧藝的說法，她的父親今年四十六歲，母親小父親四歲，換句話說，眼前這位女性，也不過四十出頭，卻已頂著一頭枯黃乾燥的髮絲，皮膚很明顯地缺乏水分與彈性，一些白斑錯落在她的顴骨上，不曉得是天生，還是因為忙於工作而無暇做好防曬。她低頭時幾綹花白的髮絲就穿了出來，垂落在她的額際，使她看起來，足足比實際年齡大了十歲有餘。巧藝的媽媽雙手用力搓揉著泛紅的指節。

在那一刻，我想起那個畫面。巧藝的父親也時常把手放在後腦勺上，指尖深陷進髮梢，我彷彿又能聽見指甲刮在頭皮上的聲音。

他們夫妻倆都在為了這個家庭的存續，奮力掙扎著。

我知道發生了什麼事。

幾個禮拜前，巧藝的態度開始變得很古怪，說起話來意興闌珊，不若過往精神。我問她，發生了什麼事。她只是哎了幾聲，揮揮手要我別過問，繼續上課。

她的反常持續了三、四堂課，作業沒寫的情況也漸趨嚴重。

有一天，我才剛踏進巧藝家，她一看到我，淚水迅速地在她的眼眶中累積。

「姐姐，我懷疑我爸他……好像快要失業了。」

「妳怎麼會有這樣的想法？」我把包包放下，立即走到她的身邊。

「上上禮拜，學校要抽驗作業，抽到我的座號，但我忘記帶數學習作了。我趁午餐的時候，偷偷搭計程車回家拿。到家時，我看到爸爸還穿著睡衣，躺在沙發上看電視，桌上放著一瓶高粱酒。爸爸看到我，也嚇了一跳，他說，他人不舒服，所以請假在家休息。」

巧藝吸了吸鼻子，說了下去：「我要出門時，我爸又把我喊住，要我答應他，不可以把看到的事情告訴媽媽。我覺得有些奇怪，但爸爸既然說他只是生病，就姑且當作他是生病好了。

直到剛才，我回家經過管理室，管理伯伯問我，爸爸最近還好嗎？車子停在地下室很久了。我問伯伯，爸爸沒有去上班嗎？伯伯說應該沒有，爸爸這一陣子到了下午才出門，身上雖然穿著襯衫，可是手上沒有提公事包。」

「妳跟媽媽說了嗎？」

「沒有。我哪敢。」巧藝的眼淚終於掉了下來：「我叫伯伯先不要跟媽媽提這件事，媽媽要處理的事情夠多了……姐姐，我是不是不應該讀私校，我快要把家裡的經濟拖垮了——」

「妳先不要想這些有的沒的。」我急急地打斷巧藝，怕她無止境地悲觀下去。

然而，巧藝做不到。

對於自己就讀私校一事，巧藝的罪惡感越來越深。她歆羨同學的心態更嚴重了，她不僅歆羨同學家境的富裕，更歆羨他們的無憂無慮。

終於，她承受不了這麼多的罪惡感，母親則成了她情緒的出口。

此時，巧藝的母親雙目微濕地看著我。

她正在期盼，期盼我能讓一切的混沌撥雲見日。巧藝不會說的，若我也保持沉默，她就得帶著遺憾返回娘家。

等我回過神來，我已經說出口了，只是我說得很婉轉，詳情留待巧藝補充。

她們是家人，家人有家人該說的話。

聽完之後，巧藝的母親眉頭一展，竟然笑了。

「女兒太小看我了，她爸最近的狀況，我心裡多少有底。我不說是不想給丈夫壓力，大環境不理想，哪個行業沒受到波及？再說，家裡的狀況，沒有巧藝所想的那麼糟糕。我在娘家工作前後快要六年，手頭現今也有一筆錢了。她的擔心有些多慮了。」

聞言，我也鬆了一口氣。

巧藝沒有誇大，她的母親確實很堅強，是支撐起這個家的支柱。

「阿姨，我可以問一個問題嗎？」

「當然，妳可以問啊。」

「為什麼妳那麼堅持把小孩子都送去念私校呢？」

問題的下半段，我藏在心底。

我更想問的其實是：之所以把小孩子送去私校，是為了滿足個人的虛榮心嗎？

巧藝賣命剪紙的背影、她的壓抑與自卑、她的眼淚，我都看在眼底，不免起了一種自大的心態，想要「糾正」巧藝的母親，想要告訴她，妳要女兒去念私校，帶給她多大的痛苦與不安。

面對我尖銳的問題，巧藝的母親愣了一下，撫著自己的臉，沉吟了一會才徐徐說道：「沒錯，妳可能會覺得我們不自量力，沒那個本錢，還硬要把自己的兒女送去私校就讀。但是，我們這麼做，也是迫於無奈。老師，巧藝有跟妳提過，我跟我老公的學歷都很低嗎？」

我搖頭，關於這一點，巧藝沒有著墨太深。

「年輕時，我們不太會想，覺得讀書好無聊就放棄了，我老公高職畢業，我最高學歷只有國中。長大一點才知道學歷很重要，先說我老公，這些年，保險業競爭很激烈，業務員的一個比一個年輕、學歷一個比一個好看，我老公有個同事還念到碩士。反觀我老公，年紀有了，學歷又不漂亮，講話的說服力就輸人一截。我自己更慘，最高學歷只有國中，巧藝弟弟上國小那陣子，我想出去工作賺錢，畢竟栽培小孩很花錢。之後的事情巧藝八成也跟妳說過了，我丟出很多履歷，可是叫我去面試的工作都很糟，娘家看不下去，要我回老家採茶。」

見我茶杯空了，巧藝的母親站起身來，打開冰箱拿了一瓶葡萄汁給我。

她自己也拿了一瓶柳橙汁，插上吸管喝了一口，便把握時間地說了下去：「我跟丈夫很早就約法三章，不能讓小孩走上我們的路，可是，我們自己也不會念書，怎麼教？巧藝小六那年，拿一張英文考卷來問我，整張考卷我看得懂的字沒幾個。我跟她說，媽媽不會，妳可以去問老師，巧藝回答我：『可是老師不喜歡我們佔用到她的下課時間』。她那失望的表情，我這做媽的，看了真是心如刀割……」

「可以寫聯絡簿跟老師反應看看？」

「不行，這方式很危險，一個不小心，巧藝會被老師盯上。我不想讓老師認為我是個『要求很多』的家長，再說，這麼簡單的英文也不會，是我自己的錯。」

「所以，阿姨就決定讓巧藝之後念私校了？」

「對。我聽人家說，私校的老師比較積極，教學方式比較活潑。重點是——私校很在乎家長的感受，一旦對哪個老師的作風有疑慮，可以馬上提出意見，校方也會很正經地面對，跟公立學校的風氣大不相同，我聽了就很心動，覺得自己再怎麼拚命，也一定要讓自己的小孩享受到不錯的教育環境。巧藝國小一畢業，我就把她送去私校，她弟弟也比照辦理。」

巧藝的母親嘆了一口氣：「我比所有人都清楚，這樣的支出是不小的負擔。我不曉得巧藝是怎麼想我，想她爸，想這個家庭。我只在乎一件事，我想給他們我覺得最好的事物。巧藝現在可能很不滿，但多年之後她再回頭看時，說不定會有不一樣的想法。」

玄關傳來喧鬧的聲音，巧藝帶著弟弟回來了。

巧藝的母親換上笑臉，起身去給一對兒女開門，即使她臉上深鑿著勞碌的風霜，眼中卻閃著熠熠的光芒。在那一刻，我可以感受到她非常愛她的小孩。

送兒女去念私校，與虛榮心無關。

說穿了這對父母只是很害怕，害怕子女活得跟自己太像。

＊

巧藝考上了排名頗為前面的公立大學。

這不能算是我的功勞，是她自己的。

考前幾個月，她很堅定地告訴我，公立大學跟私立大學在學費上的落差，多少可以貼補弟弟就讀私立高中的學費。之後，她全心全意以公立大學為目標。

放榜那天，巧藝的母親打了通電話過來，這是我們第二次談話：「老師，我不曉得該怎麼跟妳說，我從來沒想過，我們家有人可以念到這麼好的學校。很抱歉，我最近還是很忙，沒辦法親自請老師吃飯，我有準備給老師的禮物，很簡單啦，希望老師不要見笑……」

我請巧藝吃飯時，巧藝交給我一個紙袋，臉色有些尷尬。

「姐姐，妳不要太期待，不然妳會失望的。」

我撕開紙袋上頭的淡紫色紙膠帶，是一盒手工巧克力餅乾。

「媽媽親自做的。我跟她說妳喜歡吃巧克力。」

「哇，好貴重的禮物。」

「哪有，材料費加一加搞不好不到一百元，很便宜好不好。」

巧藝的嘴裡還有食物，她的話全黏在一塊。

我想起那條手帕，那條一千二的藍底白點水玉手帕。我也想起那對任勞任怨的父母，他那日益光禿的後腦、她微白的髮絲，還有他們夫妻倆共同擁有的標記：一雙疲憊的眼睛。我突然感到非常低落。但我沒有表現出來，今日聚餐是為了慶祝巧藝考完試，我不想破壞氣氛。

在故事一開始我提過，我經常把巧藝記成我的第一位學生。

有一種說法是，踏入任一職場環境時，最初的工作經驗會影響到這個人之後對這份工作的理解與心態，我個人很認同此一觀點。巧藝帶給我的影響，有正面，自然也有負面。在巧藝之後，我掉進一個教學上的窠臼。我自以為可以複製類似的成功經驗，但我錯了。

在巧藝之後，我進入一個富裕的家庭教書，學生正是巧藝口中「有錢到爆炸」的孩子。

那學生很調皮，前幾堂課，罔視我的臭臉，一再低頭滑手機。

有一次，我忍不住動了氣，提高音量訓他：「你再這樣下去，我很難跟你父母交代。」

那位學生終於抬起頭來看我一眼，幾秒鐘後，他露出微笑，現出小小的虎牙：「老師，妳不用太緊張啦，反正我考得再爛，我爸還是會幫我的。我姐之前也考得不怎麼樣，我爸打一通電話，還不是進去D學校讀書了？老師，妳放輕鬆一點嘛，不要給自己太大壓力，ＯＫ？」

他甚至用手指比出一個ＯＫ的手勢。

在那瞬間，我強烈地思念巧藝，思念那對為了子女而奔波的父母。

巧藝沒有多少退路，相反地，這位學生的父親給他鋪好了太多條退路。

我也想起巧藝母親的那句話。

一件事，很多年之後我們再回頭看，說不定會有不一樣的想法。

第5個家

一脈不相承。

「我們都是為了取悅母親寧願委屈自己的人」

Like mother like daughter

茉莉很小的時候就知道，母親明玉的心是核桃。

如何在沒有工具的前提下，取出核果，又維持核果的無傷呢？這是很大的智慧。

自小，茉莉一家就是村內矚目的焦點。茉莉的父親敏雄繼承祖業，專營南北貨，事業規模不小，地方上的人看見他，大都清楚他的身分來頭。事業臻至高峰時，敏雄娶了一位來自台北的大小姐——明玉。婚後明玉給敏雄生了一對兒女，男的叫柏宥，女的叫茉莉，兄妹倆都遺傳到明玉好看的臉蛋，五官精緻，膚色白皙。

來自台北的明玉，對於兒女的期待也有些不同。

兄妹倆不過五、六歲，明玉即在他們的耳邊慎重表明：「雖然我們住在台南，等到你們十五歲，哥哥要上台北考建中、妹妹去考北一女。兄妹倆一個穿卡其色，一個穿綠色的制服，若是如此，做母親的也就沒有遺憾了。」

明玉說這些話時，有一種妖魅的氛圍，像是在撒嬌，也像是在許願。明玉的眼神晶亮，小茉莉可以看見母親眼中的小火焰，燒出熠熠的明暖。那時，小茉莉還不懂「北一女」這三個字，但她已能辨識綠色，她猜北一女與綠色之間，篤定有什麼魔法或者宿命般的結合。為了母親，為了留住明玉眼中那道光的神采，她必須得到那顏色，那綠。

小茉莉上初中時，明玉訂了成績標準──九十分。少一分，打一下。考卷發下當日，就是論定賞罰的日子，像是世界上大部分的標準一樣，這標準也不乏彈性，明玉心情好的時候，八十五分也能睜一隻眼、閉一睜眼。相反地，倘若不巧那天明玉心裡有事，八十九分還是被罵得狗血淋頭。

柏宥的標準是八十分。

「為什麼哥哥的標準比我低？」小茉莉曾如此問過。

「因為妳是女生。」怕小茉莉不懂，明玉又加重語氣：「記住這個道理，在這世上，女生表現九十分，跟男生表現八十分，在外人眼中是差不多的。更要緊的是，即使妳可以表現出九十分，放在心底就好，在男人面前不要太驕傲。一旦妳太強硬，壓過男人的鋒芒，就是自己把日子搞得很難過。」明玉的一席話，彷彿是藥，更像是毒，注入茉莉的血液裡，在茉莉睡下的夜晚，不停地繞著她的周身奔流。

有一天，小茉莉數學不及格，考完時她已經覺得不妙，等到考卷發下來她更是嚇得手腳發軟。該死的是，那回考試失手的人不多，老師不給加分，無疑是給小茉莉判了死刑。回到家門，小茉莉全身發白，明玉跟她討考卷，她顫抖地從書包裡摸出那張紙呈給明玉。明玉見了，眉頭一抬，一句話也沒說，抄起電視櫃旁的藤棍，一陣猛打。

小茉莉很早就懂得，疼痛是一種必須學會與之共處的事物。明玉打到十來下時，茉莉已經不那麼痛了。她兩手撐地，跪在地上，背蜷得像蝦米。她在等待，等待明玉打得手痠。茉莉不是第一天認識自己的母親，明玉一旦拿起棍子，就很難放下，除非她累了。

汗水滑進她的眼睛裡，小茉莉恍惚之間想起一件事，柏宥也考過一次五十八分，明玉只是念了兩句，摸摸柏宥的頭催他快吃飯，吃完飯趕緊念書。小茉莉心裡不由得酸酸的，眼睛掉下眼淚，跟汗水和在一起。

*

一天，遠方來了一個人。

封實多年的核桃，微微地裂了縫。

那天是茉莉父母很得意的日子。柏宥考上了陽明山那間醫科，茉莉考上北一女。茉莉的父親大手筆地辦了二十幾桌，但凡常來茉莉家走動、泡茶聊天的，見者有份。整個場子，敏雄淨是柏宥、柏宥地喊。一下子說「柏宥快點來這看這位阿姨」、一下子又是「柏宥快來見這位議員叔叔」，茉莉考上北一女的喜悅，完全給柏宥考上醫科的光環遮蓋住了。

茉莉把眼前所有人事收入眼底，偷偷希冀著，父親待會就會走過來，對她說一句，好女兒，妳也辛苦了。只要父親一句話，茉莉可以忘記過去七、八年間，她拒絕的那些遊玩邀請、被明玉沒收的課外讀物、被關在家裡的寒暑假——當然，也包括她這七、八年挨過的棍子。

只要父親一句話，茉莉的傷口會好的。

好不容易，熙來攘往中，父女的眼神對上了，聚光燈降臨，茉莉停止呼吸，最佳女主角的夢幻時刻，她已經背誦好台詞，不會的，爸爸，讀書一點兒也不辛苦。臉上掛著輕盈的微笑，語氣務必溫柔婉轉，然後，父親會說：「妳真是個懂事的女兒」。

偏偏事情不是這樣發展的。

敏雄咧開嘴，對茉莉笑開一嘴黃牙：「茉莉，妳快去媽媽的梳妝台上，把哥哥的成績單拿來。鄧叔叔來了，說不信有人的數學可以拿這麼高分，他要眼見為憑，我偏要叫他心服口服！」

像是有誰在胸口撒了鹽，茉莉的心房心室瞬間萎縮了。

她吸了吸鼻子，上二樓，進房拿了成績單要往回走，在樓梯轉角撞到一個瘦瘦的人影，儘管樓梯光線不足，倒是不影響香味的傳遞，茉莉聞到淡淡的香氣，猶豫地喚了一聲：「小阿姨？」記憶中，只有小阿姨有灑香水的雅興。人影出了聲：「茉莉，我找妳找好久了。」

果然是小阿姨。

小阿姨是家族裡的傳奇，眾人說起她總有點顧忌。傳說她年輕時談了一場刻骨銘心的戀愛，兩人交往五、六年，男方卻娶了小阿姨最好的朋友。小阿姨沒有說過男方一句壞話，只是她也沒有結婚，在台灣的日商公司做了幾年行政工作，存了一些錢，最終跑到日本久住，接了一些翻譯的案子，也出過幾本居家整理的書，日子過得恬定優雅。

「小阿姨，妳在找我啊？」茉莉有些受寵若驚。

「對啊，在樓下沒看到妳，妳爸說妳在二樓，我就親自來看看啦。」小阿姨笑著祝賀：「茉莉，恭喜妳啊，北一女不簡單哦，這可是妳媽媽的夢想呢。」

「啊？」茉莉困惑地抬起臉。

「妳不知道？」小阿姨的聲音溫柔優雅：「妳母親從小到大都很會念書喲，初中讀北二女，高中想考北一女，可惜失常了，分數讓我爸、也就是妳外公很失望。妳母親想重考，妳外公不答應，說女生沒有挑選的資格，沒人把錢花在栽培女兒讀書。妳外公給兩條路走，看妳媽要認命一點去念其他學校，還是趁年輕早點嫁人。妳母親也有些賭氣吧，看一眼妳爸照片就點頭了。慶幸敏雄是個好人，算疼妳媽，否則我也不知道事情會如何發展下去……」小阿姨遲了一下，偏著頭，語氣有些斟酌：「妳母親嘴巴沒說，但我猜她心底很怨吧，妳外公太重男輕女了。」

越聽到後頭，茉莉的嘴巴張得越大。像是在未受到邀請的情形下，無意間踏入一座私人花園。花園和牆外的風景截然不同，裡頭有外人不知曉的枯榮。茉莉終於懂了綠的真實意義，懂了母親每一次往她大腿抽打的狠勁。茉莉也想起舅舅，那個讓外公外婆頭疼得要命的獨子，大學重考三次才考上，五年快六年才畢業，險險當成醫學系在念。畢業後，成天遊手好閒，外婆看不過去，只好頂下一間雜貨店給他做老闆。

明玉很少在柏宥和茉莉的面前提到自己唯一的弟弟。

不，明玉也很少提起自己婚前的情景。

茉莉翻遍了腦海，這才發現，自己對於明玉婚前種種一無所知。

明玉怎麼不說呢？在成為母親之前，她一定也有好多故事。

「倒是給我撿到了好運，哥哥不長進，妳外公沒理由拒絕我念大學了。」小阿姨輕鬆地笑了笑，下一秒，她斂起笑容，眉心折起：「茉莉啊，不要怪妳母親對你們兄妹倆這般嚴苛，這是妳母親心底的死結，她自己也不好過。」

茉莉看著小阿姨，心中思索著這段話。

小阿姨見茉莉沒有答話，上前握住她的手，細聲叮嚀：「茉莉，上台北要小心身體。該花的地方不要省，書好好念，該玩的時候也不要辜負。我差不多要離開了，先下去找姐姐說話。」

小阿姨放開茉莉的手，轉過身，往樓梯下了幾步，又回過身，指指樓下燈火明亮處，要茉莉一起看。從她們的角度看下去，正好看見明玉摟著柏宥，和幾位太太嘻笑著。明玉臉上的笑意是如此真摯。記憶中，母親從沒這樣笑過，笑得如此好看大方。

茉莉站在階梯上，心底難過，不想再往前。小阿姨沒等她，自己下樓找明玉去了。

等小阿姨走遠了，茉莉這才注意到，自己口袋鼓鼓的，她伸手進口袋裡一抓，是一只捲起來的紅包，準是小阿姨剛剛塞進去的。

水氣浮上了眼簾，茉莉再度吸了吸鼻子，裝作沒事地下樓，把柏宥的成績單交給敏雄。

＊

又三年，茉莉考進台灣最好的大學。入學後，茉莉的成績始終拔尖。甫升大四，一位張教授相中她，邀請茉莉前往他的實驗室，加入他的國科會計畫。茉莉是整間研究室裡最年輕的面孔。

之後茉莉考上研究所，張教授自然成了她的指導教授，張教授十分器重茉莉，常誇茉莉學習能力好、反應速度快，是他諸多重要研究的左右手。

茉莉的碩論寫到七、八成時，張教授把茉莉叫去辦公室，說有要事商量。

茉莉手麻腳麻、誠惶誠恐地走進辦公室內，不曉得張教授有何打算。

張教授看到茉莉，心情顯然不錯，他雙手交握，倒在舒適的沙發椅上：「我看妳的論文進行得差不多了，剩下的都是一些增刪修改的小事。茉莉——妳將來有什麼打算？有沒有考慮去美國念博士？」

「美國念博士？」

張教授打開了一扇大門，裡頭是茉莉從未想過的世界。

「對啊，妳跟在我身邊也有兩、三年了，我看得出來，妳的人格特質很穩定，思考也很快，研究室其他學長姐都慢妳幾拍。妳想的話，我可以幫妳寫推薦函。Y大學的教授是我的換帖兄弟，我們從高中認識到現在，只要我寫一封信，這事至少就成功一半。茉莉，妳考慮一下，不用操心錢的事，美國學校多半有提供獎學金，以妳的能力，沒問題的。」

跟張教授告別，茉莉旋即打了一張車票回台南老家。

敏雄沒意見。明玉反對得很激烈：「不行，妳千萬不可以再往上讀了。」

「為什麼？我讀碩士時，媽不是也很開心嗎？」

「不是的。哎，妳這孩子，怎麼就是不懂呢？」

「那是怕美國學費太貴嗎？張教授有說，可以申請獎學金，下下之策就是去接點零工，媽，在美國生活，沒想像中那樣困難。」

再過幾個月，柏宥就要結婚了，近日敏雄跟明玉為了兒子買新房、開診所的事宜，在幾家銀行之間忙得跟陀螺似的，茉莉只好往錢的方向去猜。

「真是錢的問題，就好處理了。哎……」明玉長吁一聲，埋怨地瞅了茉莉一眼：「妳還搞不清楚嗎？妳現在二十四歲了，再念上去，等妳拿到博士，都快三十了。」

「三十又怎麼了？」

明玉不耐地啐了一聲：「妳是在跟我裝傻嗎？誰要娶一個三十歲的女博士？」

茉莉一愣，看不出母親有這樣的心思。

明玉拍拍茉莉的肩膀，曉以大義道：「妳趕緊把論文做個結束，快些回台南。我有在幫妳探聽對象了，很不錯的人選，台大醫科的，大妳八歲，在台北榮總給人看病，聽說看病很有耐心，病人都很喜歡他。這件事不能再拖了，人家父母很著急。我看過對方的照片了，頭小小的，眼睛也小小的，鼻子還有點塌，但感覺是個顧家的老實人。」

明玉的話沉甸甸的壓在茉莉的心尖上。

在回台北的車上，半睡半醒之間，茉莉想起小阿姨，想起母親的心結。想得很深之後，她睡著了。

＊

明玉口中的老實人，叫作永信。跟永信約會過幾次後，茉莉很是氣餒，與其說永信是個好脾氣的人，不如說他很冷感。每回茉莉問：吃什麼？今晚去哪兒？你喜歡我這件洋裝的花色嗎？永信一貫的回答是：都好、可以、還不錯。

幾次往返，茉莉覺得很累，不問了。

之後，只要跟永信出門，她便訓練自己成為一個寡言的女人。

唯獨在生物科學面前，茉莉才感受到永信的溫度。永信訂閱了很多自然期刊，他掩卷微笑的滿足神情令茉莉印象深刻，甚至懷疑永信對於其他生物的熱情遠勝過對人的。

茉莉曾向母親表達對於嫁給永信的遲疑，明玉卻一一反駁了茉莉的想法，明玉說，永信這樣的表現最好，如此質樸靜默的男子，婚後絕不會到處拈花惹草。

怕茉莉不甘心，明玉再補充道，永信的父母長居溫哥華，茉莉嫁過去沒有婆媳問題的苦惱。

茉莉於是嫁了。她不愛永信，但永信會是個好丈夫。

出嫁那天，明玉沒有掉下一滴淚，她看著永信，滿意地笑了又笑。

茉莉看著母親，也沒有掉淚。

婚後，茉莉搬去永信台北的公寓，沒有出去工作。

明玉警告茉莉：「別再想什麼工作賺錢的事，都嫁給醫生了，還差妳這一份薪水嗎？永信年紀有了，妳當前的任務就是安分地給他生一個孩子。」

茉莉確實不缺錢。永信每個月的薪水，扣掉匯給雙親的孝親費和自己的基本開銷，其餘全數交給茉莉，也從不過問茉莉打理金錢的方式，相同的，他也不過問茉莉成天在家是怎麼作息的，只要他下班時冰箱有吃食即可。單就此點，明玉當初的推論沒有錯，永信對妻子缺乏熱情，往好的方面想，就是他可以給予妻子很大的空間。

茉莉於是開始了她人生中最緩慢的時光。

每天，她睡到日上三竿才起床，跳過早餐，炒碗飯打顆蛋權充午餐。看看預錄的影集，漫不經心地灑掃拍灰塵。待日照偏移，不那麼曬的時候，茉莉便踩著包鞋，懶懶地前去百貨公司地下一樓的超市買菜。去的時候搭公車，回程亦然——即使手上提著兩大包肉品跟菜。

她會開車，但她不要，搭公車也不是為了環保或省錢，她的時間太多了，她需要一個效率不高的移動方式來延長整個購物時間。

公車搖搖晃晃，令她想起研究室的奔忙，那時老覺得時間好少不夠用。

下車，硬幣嘩啦啦掉入投幣箱，她才醒來，提醒自己，如今是醫生的妻子了。

緩慢時光，在婆婆滑了一跤後畫上句點。

賣場員工拖好地，忘記放上告示牌，婆婆滑了一跤，傷到了脊椎。賣場經營者很有誠意，婆婆得到一筆優渥的賠償。照理說，請個看護幫忙照看兩、三個月，事情就可以圓滿落幕了。但永信卻不放心，要茉莉飛去加拿大親自看看。

茉莉很彆扭，和婆婆相處不滿二十四小時，就得協助婆婆盥洗、如廁完給她拉褲子。由於婆婆行動不便，兩老又吃慣了中式料理，茉莉得早起挑魚選肉，想菜單花色。

夜晚，茉莉懊惱地睡不著，偷偷地倒數歸程。卻沒料著，婆婆病癒了，自己卻驗出懷孕兩個月。公婆很開心，叫她想辦法留在加拿大待產，好讓小孩拿身分。

永信也很樂見這個安排，要茉莉聽公婆的話。

茉莉在加拿大生下一個女兒。初見嬰兒，皺巴巴的，一團紫紫的肉，看起來一點也不可愛，還有些嚇人。護士抱走嬰兒，不知是怎麼給她洗的，抱回來時，一身柔嫩薄透的肌膚，瞬間變成可愛的娃娃。抱著女兒的那一刻，茉莉哭了，覺得好神奇。

可惜永信不在場。他說醫院很忙，叫茉莉自己帶小葉回台灣。

*

女兒小葉是個很奇特的嬰兒，很少哭鬧，醒來的時候，靜靜地躺在自己的嬰兒床，臉抬得高高的，看著天花板。婆婆對於這樣安靜的嬰兒感到不安，直說永信出生時，愛哭鬧又好動，要茉莉帶女兒去給醫生檢查。茉莉帶去給醫生看，醫生反笑茉莉多心。

茉莉索性嗯嗯啊啊地回應婆婆的一切問題，婆婆不甘示弱，很快地發展出新的招數，照三餐叮嚀茉莉：「妳回台灣後，要趕緊給永信添一個兒子。葉家一脈單傳，永信他爸是獨子，永信自己也是獨子，葉家的香火不能就這樣斷了……」

小葉兩個月大一點的時候，茉莉抱著她跳上飛機，逃回台灣。

在機場，永信與女兒初次見面，他接過小葉，上下端詳了一會，又平靜地交給茉莉，轉身往停車格走去。茉莉有些失落，她安慰自己，永信還需要一點時間。

小葉大了一點，明玉跟婆婆不時打電話來，追問小葉的成長進度，還不忘下指導棋。

寶寶會坐著了嗎？

她開口說話了嗎？她第一句話說什麼？

妳不可以偷偷退奶哦，寶寶喝母奶，長大才會聰明。

妳有沒有打碎小魚乾餵她吃？或魚油？吃魚的小孩念書比較行。

這兩位母親的共通點是：她們都教養出一位醫生兒子，對於自己的育兒方法有種常人無法理解的自信，她們非要茉莉遵照她們的指示不可；至於她們理念不同之處，便成了戰場，茉莉被困在中間，成了夾心餅乾。不知道從什麼時候起，茉莉習慣在深夜裡，躲進廁所哭，她咬自己的手以抑制哭聲。她不能吵醒小葉和永信。

哭得頭暈眼花時，研究室的光景反而變得很清晰，那個空間有一種穩定的邏輯和秩序，她在其中可以找到歸屬感，她可以確定自己是一分子。可是當前的生活令她挫敗，她無法歸納出另一種邏輯與秩序。在女兒、媳婦與母親的角色之中，她不知道自己是誰。

茉莉的手滿是齒痕，但永信沒有看到。

回台後，丈夫嫌小葉半夜會哭，抱著枕頭棉被跑去書房睡了。

性的方面，她問過幾次，可是永信不想。久而久之，她便不再開口，事情自然也不再發生。

小葉又長大了些，能自己大小便、進食，睡眠習性也穩定了下來。

茉莉多出一些私人時間，讓她可以多睡一點，她變得經常做夢，夢的內容很雷同。

是那個下午。

熟悉的辦公室裡，張教授坐在那張看起來很溫暖的檜木辦公桌上，雙手輕鬆地往後放，支撐自己的重量。在他身後是大片的玻璃窗，窗簾拉起一半，午後的陽光透進來。

茉莉不得不瞇起眼睛看著張教授，她以一種幾乎是告解的口吻訴說：「教授，我不打算念博士了，仔細想了一下，我的學術熱情好像不足以支撐我再走下去，請您——不要生氣。」

張教授看著茉莉，他的眼神複雜難解：「茉莉，我懂的，我懂妳的苦衷，但是，我希望妳明白一件事情，只要妳願意……」張教授輕輕地嘆了一口氣：「妳的成就不止如此。」

只要妳願意——妳的成就不止如此。

夢境一到了這裡，茉莉會渾身冷汗地驚醒，她醒來第一件事就是找到小葉。找到小葉之後，茉莉會抱起她，小葉發出咿咿呀呀的聲響，撫摸她粉嫩的小拳頭，她晶亮的雙眼看著茉莉，好像茉莉是她全世界最愛的人。茉莉深吸一口氣，告訴自己，她不後悔，她選擇了最好的道路。

＊

小葉三歲了，開始上幼稚園。

此時，永信要求茉莉帶著小葉，陪同出席他與友人的聚餐，茉莉私底下稱之為「醫生會」，成員多是永信的同學，有些是學長學弟。畢業後，他們遍布台灣各地，有的落腳大型醫院，也有的選擇自行開間小診所。每兩、三個月，他們就相約一次。地點多半選在飯店裡頭的餐廳，隱祕性夠，餐點還算理想。

醫生有他們圈內的主題，諸如晚近的醫療技術與器材、期刊論文、不同體系的作風及健保給付的問題等等，茉莉沒很認真在聽，那不是她該關照的，她有自己的仗要打。

那群醫生的太太，世俗所稱的先生娘，也有她們圈內的主題。這群女子，她們的人生脈絡有些類似，例如，和醫生結婚後，她們多半沒再工作，全心投入相夫教子的活動。

茉莉起初對於認識一群新朋友感到新奇，幾次聚會下來，她很快地失去了興致。她沒辦法融入這個小圈子，這些女人的話題排行榜，第一名永遠是「如何栽培自己的小孩」。醫生的社經地位高，社會自然對於醫生的下一代格外關照。

茉莉是裡頭學歷最高的，這些女人慎重地向茉莉請益：

妳打算給小葉申請提早入學嗎？

小葉做過智商測驗嗎？

妳在家裡會試著跟小葉用英文說話嗎？

裡頭也有不識相的問題：「茉莉，妳還有生第二胎的打算嗎？」

這還不是最糟糕的。最糟糕的處境是，有些太太心中早已有了預設立場，茉莉和她們不過幾面之緣，便一團火似地撲過來，親暱地揉著茉莉的臂膀：「我跟妳說，我之前也是要拚男生，抓了好幾帖『包生男』的中藥，結果老二還是女的，最後朋友推薦，說萬芳那裡有一間不孕症中心，有個醫生專門在給人做『精蟲分離術』，很有效，我家小寶就是這樣來的，妳要不要試試看？我這裡有他的電話。」

茉莉拜託永信，可不可以不要再參加「醫生會」。

永信拒絕了，他有些動怒：「妳跟小葉不去，大家會以為我們怎麼了。」

＊

小葉一日一日長大，她的一些特徵也一日一日明顯。她完全不是個討人喜歡的孩子，她很安靜，有些太安靜了。見到認識的人，也不打招呼，更不會像同齡的孩子那樣，喜愛伸出雙手雙腳丈量這世界的長寬。小葉喜歡據著一方桌角，隨手抓一張紙就埋頭畫畫，菜單背面是很好的材料，紙頁光滑，落筆順暢。有一次，紙畫到沒有餘白了，小葉並不氣餒，把創作的版圖往牆壁上擴張。茉莉睡醒時，看到整片慘不忍睹的牆壁，底下還寫了一行4+4=8。

茉莉怔了，倏地掉進回憶的長河。

那時她才小四、小五吧，考了第一名，導師送一盒蠟筆，說是日本進口的，很寶貴。全班的眼球都黏在那盒蠟筆上，茉莉顫抖著雙手，從導師手上拿過那盒蠟筆。放學鐘響，她興奮地衝回家。柏宥不在，明玉去買菜，茉莉有些孤單。她從抽屜裡翻出舊報紙，開始畫，塗得太激動了，蠟筆數度滾出紙張，在飯桌上留下蠟痕。明玉提著兩塑膠袋的菜回家，看到飯桌被弄得髒兮兮的，氣得發抖，扔下塑膠袋，先甩茉莉一個巴掌，再痛打一頓。

「妳不讀書，給我畫這什麼五四三的。」明玉的話言猶在耳。

此時此刻，茉莉站在牆的前面，覺得自己像個母親，也像個女兒。她的心思千迴百轉，好多念頭纏捲在一起。她先拍下女兒的傑作，之後打了一通電話，預約粉刷牆壁的工程。

她沒有叱責小葉。

相反地，她告訴小葉：「妳真是我的小天才」。

這麼多年過去，茉莉經常從電腦中叫出那張影像。小葉的畫作不是單純的模仿，有些她筆下的生物，小葉甚至沒有親眼見過。看了很久，茉莉才懂，小葉不是在畫眾人眼中的世界，她只是忠實地「轉譯」她內心的世界。雲朵和木屋的比例混亂了些，太陽很大一顆，好多隻小狗與小鳥，還有茉莉辨認不出的小動物。牠們全都聚在一起。

遠在溫哥華的婆婆曾多次遙控，要茉莉帶小葉去掛自閉症的門診。

婆婆直言，小葉太「深沉」了，整天安安靜靜，一雙眼睛看來看去，也不知道在想些什麼，這樣的小孩子長大之後個性會有偏差。

婆婆提了這麼多次，茉莉不是沒有動搖過，也曾跟著懷疑小葉生病了。

小葉內向、寡言，不喜歡與外人有肢體上的接觸，討厭擁擠的環境，她有多次在遊樂園跟游泳池大哭的經驗。在教室裡小葉坐在最不起眼的位置，幼稚園上了三年，只交了一個不知道算不算朋友的人，小葉要走時那小女生都會揮手說再見。

小葉的確不像一般的小孩子。

然而，小葉的畫驅走了茉莉的不安。活潑的用色，圓融的線條，處處透露出一個訊息，這則訊息令茉莉放下長期以來的擔憂：小葉沒有生病，她只是表達情感的方式跟世界上多數人不同。

＊

小葉上國小那年，永信的雙親捲入了一宗官司，茉莉無從得知詳情，只知道永信按月轉去加拿大的錢得加倍。茉莉不平，認為永信的兩個妹妹也該分擔這筆損失。

「憑什麼我們要負擔全額？當我們這小家庭是神仙，吃空氣就能存活嗎？」

茉莉第一次對永信大聲說話，她急了，這筆錢不是小數目，也不知道匯去的用途。茉莉的言語尖銳了起來，永信也動了氣，站起身大吼：「我是老大，又是做醫生的。大妹是家庭主婦，小妹一個月不過三、四萬，怎麼能叫她們幫忙負擔？」

茉莉看著永信，沒有說話。

永信見茉莉沒有回嘴，以為自己佔了上風：「再說了，這些錢都是我賺的，我一個月要給父母多少錢，是妳可以插嘴的嗎？」

茉莉轉身離開現場，把自己關進書房。她軟跪在地上，思緒凌亂。

在書房的地板上躺了一整晚，天亮時茉莉下定決心，她要出去工作，賺自己的錢。她想起一個人名，那是研究室的學姐，兩人感情一度很好，茉莉結婚後才淡了聯絡。茉莉拿起話筒，憑著記憶按下十個號碼，等待接通時，她可以聽到自己急促的心跳聲。

這通電話改變了茉莉的命運。

學姐跟友人新創一間公司，主打替代能源，手邊正缺人才。學姐給茉莉引介了一個職缺，茉莉很珍惜學姐的牽線，她一頭栽進這份工作，不出幾年，她慢慢深入公司的決策中心，連同股票、紅利跟獎金，茉莉的收入非常可觀。

跟茉莉薪水成反比的，是她與永信的互動。曾幾何時，永信竟會閃躲茉莉的眼神，窩在書房的時間長了，週末的球約多了。他也不再堅持茉莉得跑「醫生會」了，他不說日期，自己輕手輕腳地出門赴約。茉莉試著放低身段，主動示好，永信卻不領情。

*

小葉十一歲時，有段小插曲。

明玉上台北來，忘了是參加誰的告別式，剩了一些時間，就順便來看看茉莉。把母親接進門，茉莉的眼皮止不住地跳，有種不祥的預感。

她給母親拿拖鞋送茶端水果，以招待客人的心態招待自己的母親。

明玉問了一些天氣陰晴的問題，茉莉答得有些心不在焉，她的視線無法抑制地往時鐘飄去。她看得出來，母親的心如今又藏了一顆核桃，裡頭有核果，然而茉莉手中沒有工具，她也不想再走進母親心中的花園。

北一女。

台大醫科的丈夫。

夠了，她做得實在夠多了。

四點半多一些，明玉放下茶杯，她站起身，理了理裙襬，說不早了，該走了。茉莉節制著內心的雀躍，跳起身來，進廚房，冰箱開開關關，塞了一些營養補充品在母親的袋子裡。

明玉清了清嗓子：「茉莉，我有事情要和妳商量。」

茉莉的寒毛一根根站了起來。都坐三望四了，哪怕事業做得再大，她仍舊沒有長進多少，仍是那個捏著成績單、等待棍棒落下的小女孩。

明玉無視茉莉慘白的臉色，自顧自地開口：「我給妳打聽到，永康那裡有個看診快四十年的中醫，他們家有一帖祖傳包生祕方。住我們家對面那個徐阿姨，媳婦嫁來三年還孵不出半顆鴿子蛋。服藥才三個月，就中了一對龍鳳胎。」

「媽，妳說這個是要幹什麼？」

「妳不可以只生一個，一來，小葉是女的；二來，她的成績太爛了，我真想不通，一個是台大碩士，一個是台大醫科，照理說，小孩會遺傳到父母的智商。怎麼小葉這麼笨？我是怎麼教妳的，妳有在關心她的功課嗎？」

茉莉握緊雙拳，她為自己，更為女兒辯護：「小葉的成績或許不是頂尖，也沒有差到哪裡去。況且，這幾年永信的爸媽也很少過問了，他們該是不介意孫子的事了。」

明玉冷冷地掃了茉莉一眼：「妳的公婆沒有找妳麻煩，不是因為他們放下了，而是他們先前也給你們添過麻煩，不好意思再說些什麼。只是人家沒說，不表示妳可以裝傻。我看妳這幾年，滿心滿眼都是公司，小葉的成績妳放著讓她爛，生兒子的事也沒放在心上。妳做人家妻子的，眼中還有這個家嗎？妳不如辭掉工作，回歸家庭，想清楚自己的本分跟責任。」

「媽，我的事，我會處理，妳不用操煩。」

明玉不甩茉莉的抗議，更加重語氣說道：「簡茉莉，我是妳的母親，我得承擔管教妳的責任。我不想聽到別人在我的背後嘲笑我，說我教出一個不懂人情義理的媳婦。」

＊

茉莉說到這裡的時候，我來到葉家已有一年了。

我跟她就讀同一所大學，她對我格外親切，課程結束後，她會留我下來用餐。小葉的父親很少回家用晚餐，她說有我的參與，母女倆的晚餐會多些人氣。

晚餐結束後，小葉會跑去用電腦看動畫，或是溜進房間畫圖，桌上只剩下我跟茉莉。這時，茉莉會漫不經心地跟我閒聊起她自己的事。像是拼圖一般，每個星期得到一塊或者兩塊，長期累積下來，已足夠我拼出茉莉五、六成的過去。

我在聆聽的當下，非但不覺得無趣，相反地，我對於茉莉與母親之間的糾葛著迷不已。

我又待了幾個月，故事的重心慢慢偏移到小葉身上。

「六年級下學期第一次段考，小葉得到全班第三名，我打電話告訴丈夫，丈夫很高興。小葉之前最好的名次，也不過是第八、第九。那晚他訂了高級西餐廳，七點準時到家帶我們母女去用餐。三個人，點了四千多元，包括一支香檳，我丈夫點的。我很訝異，他很少喝含酒精的飲料，但他那晚卻點了香檳，他說想放鬆，好好慶祝一下……」

茉莉停了下來，她的臉上浮現如夢似幻的表情，她笑了一下，說道：「我很喜歡那晚的永信，香檳使他整個人變得很親切。結婚這麼多年，我第一次看見這樣的丈夫，堆滿笑容、很溫暖。他不停地誇獎小葉，說小葉不愧是他的女兒，他以前考試都拿前三名。」

茉莉換了個姿勢，把重心放在右腳。

「現在想起來，反而覺得有些悲哀，我丈夫對女兒的愛是有條件的，」

她往廚房瞥了一眼，鍋內的水即將沸騰。

今晚喝的是羅宋湯，材料準備好了，塊狀的牛肉，切丁的蘿蔔和馬鈴薯，番茄先用熱水燙開再去皮，有的切丁，有的打成糊。

「老師，跟妳說個祕密哦。孩子的爸也不知道的祕密。」

「啊？」從虛掩的門縫中，我看見小葉低頭寫著數學習題的身影。拿著鉛筆努力地塗啊塗的，小葉的第三次模擬考要到了，她專注的神情好可愛，我不自覺地露出微笑。

「那一次考試——小葉作弊啊。」

水徹底沸騰了，傳出隱隱的啵啵聲。茉莉轉過身，走進廚房。彎下腰調整火候，從櫥櫃裡取出辛香料，整齊地擺放在流理台上。

茉莉背對著我，接著說下去：「小葉那一次的數學、自然進步好多好多，我太開心了，沒有去細想是為什麼。倒是小葉的導師注意到了，小葉這兩科的分數和坐在她隔壁的副班長一樣。導師調出他們兩個人的考卷來比對，錯誤的題目完全重疊……」

茉莉頓了一下，要說出這些對她而言並不容易：「導師把副班長叫過去，要查明真相，對方說，是小葉主動提議的。五百元，小葉給他五百元，他把數學、自然的答案給她抄。導師又問，那五百元呢？副班長說，拿去買戰鬥卡片了。老師，妳聽過『遊戲王』嗎？那是什麼？幾張卡片也能賣得這麼貴。」

我大略解釋了一下，過程中，難免心虛地側身多看了一眼。小葉還在算數學。

她沒有發現我們正在討論她的事。

「現在想一想，能夠遇到那種導師，小葉實在很有福氣。」

根據茉莉的記憶，那位導師是這樣說的：「一般考試違規的個案，得先通報校方，該名學生會得到記過處分，違規科目也會以零分計算。可是……小葉快畢業了，我有個私心是，希望她可以沒有陰影地離開這所國小。雖然對其他同學不很公平，但我不打算以體制內的方式解決，也就是說，我不會通報訓導處，校方那邊不會知情。」

茉莉握緊話筒，感激地一再道謝。

「小葉的數學是我教的，我會改登記為六十分，自然那科我再跟自然老師商量一下。副班長我已經把他調去外掃區服務一個月，五百元的事我們再來討論。」

導師停了一下，聲音更小聲了：「還有啊——小葉的懲處，我交給妳處理了哦。她很敏感，我又是導師，她一天要看到我那麼多次。若由我來處理，不保證不會留下後遺症。我不希望事情變成這樣，我說過了，剩下不到半年小葉就要畢業了……」

她們窸窸窣窣地交談，彷彿一場密謀。在公平與正義的天平面前，她們不再放下或拿走砝碼，有些事情是壓根不能拿來衡量的。像是孩子。

「事情的經過就是這樣。」說完，茉莉雙手一攤。

「這位導師處理的手法很細膩，我很少聽過這麼認真的導師。」我說。

「沒錯，小葉畢業典禮時，我有和她聊了一下，小小隻，眼睛大大的，很熱情的一個人。」

「阿姨最初聽到小葉作弊時，有什麼感覺？」

「當然是生氣啊，我幾乎快氣瘋了！」茉莉睜大眼睛看著我。

「不過，除了生氣之外……」茉莉的視線從我的臉上飄走，過了一陣子，她才慢慢地說道：

「我也覺得厭惡跟羞恥。從小到大，我最爛也有前五名，我只相信自己的答案，作弊？我根本沒想過。我以前認為作弊的人很可恥，不想讀書沒關係，但作弊就表示你想不勞而獲，這種心態是我最看不起的。問題是，這次作弊的不是別人，是小葉，是我看了這麼多年的女兒，我根本不可能用這些字眼去形容她。」

茉莉深吐出一口氣，嘴角綻放著苦澀的微笑。

「等到生氣、厭惡與羞恥結束後，我才覺得傷心。我是真的很傷心，我傷心的理由，不那麼完全是因為小葉作弊，我的傷心有部分是因為，我無法接受有這麼一天，小葉對我撒謊了，一直以來，我以為我們母女之間，是沒有祕密的。」

放回話筒，整個夜晚，茉莉專心地想一個問題。小葉是什麼時候學會說謊的？小學四年級以前，歷任導師給小葉的評價都很類似，不外乎是「品行善良、敦厚乖巧」。曾幾何時，這個「品行善良、敦厚乖巧」的孩子，會跑去用五百塊唆使別人幫她作弊呢？

茉莉想不到答案，這個答案在小葉身上。

＊

隔天，她接小葉回家吃飯。那天晚餐很豐盛，除了主餐，茉莉還去了臨近新開的甜點專賣店一趟，外帶了一個德式烤布丁和一個限量草莓奶油蛋糕。

用過晚餐之後，小葉一邊享用甜點，一邊跟茉莉分享她的近況。小葉很關心的即將到來的畢業典禮，她跟茉莉提到六年級練唱畢業歌曲的盛況、班上近日氛圍的轉變以及自己心態上的不同等等。

茉莉專注地聽著，去上班之後，她已經好久沒有認真聽小葉說話了，小葉也很久沒說這麼多話了。

小葉說完之後，換茉莉開口了：「小葉，妳是不是有事情沒有告訴媽媽？」

「啊？」小葉尚未意會過來。

「跟成績有關的事情。」

小葉一動也不動，身體一僵，接著開始發抖。

「妳這次段考的事，媽媽已經知道了。」

小葉的唇齒止不住地打顫，很快地，眼淚一顆一顆地滾落她的臉頰：「我不是故意要作弊的……我只是希望大家都開心而已……」

小葉哭紅了臉，結結巴巴地說道：「我有偷聽到妳跟朋友講電話，說外婆覺得我很笨，怎樣都考不到前十名，不像是妳跟爸爸的小孩。我害妳被外婆罵了對不對？」

「天啊——小葉妳聽到了？」

茉莉的心緊揪成一團。

最該認錯、道歉的人，不是小葉，小葉不是壞小孩。

她作弊的出發點，是她偷聽到母親的電話，她想證明自己是這對父母的小孩。

茉莉的心中充滿懊悔：「小葉，對不起，是我錯了，媽媽忘記告訴妳，妳之前的名次很好了，那也是妳努力的成果。是我不好，我不該受到外婆言語的干擾。」

說著說著，茉莉的情緒也有些激動：「小葉，妳是媽媽最愛的寶貝，妳很好，妳是我生的，沒有人可以說妳不像是我的小孩。妳懂嗎？」

小葉點了點頭，雙眼含淚，似懂非懂地看著母親。

永信回家時，看到眼紅鼻紅的一對母女，皺了皺眉，沒有多問。

下一次段考，小葉被打回原形，退到十名外。永信知情之後，態度恢復淡漠。

茉莉不以為意，依然帶小葉去餐廳慶祝。

＊

小葉升上國中後，成績大約在十一到二十名左右徘徊。一年級課程結束後，茉莉思量了半個月，決定停掉小葉全數的補習班課程，改請家教，這也是我出現在葉家的原因。

我是出現在葉家的第一個家教。

第一次見面，茉莉跟我解釋，為什麼她要找個家教：「我們住的區域，算是明星學區，也是補習班的一級戰場，台北市優秀的學生淨往這裡集中，老師也習慣把每個學生當成資優生來教。小葉不是特別聰明的學生，她去補習班只會越來越自卑而已。」

在小葉眼中，我是一位老師，但在茉莉眼中，我有其他角色要擔任。茉莉，這個我學生的母親，我認識她時，她剛滿四十歲。四十歲，不惑之年，比起未來，茉莉更想花時間釐清她生命過去的一些事件。簡單來說，她想說故事，她需要一個聽故事的人。這時，在她的生活中走入一個年紀只有她的一半，對人事有些懵懂，又具備好奇心的女生。以聽故事的角色而言，沒有更好的人選了。

我心底雪亮，茉莉的敘述極可能失去某部分的客觀、迴避掉某些場景，或者放大某些對白的情緒。最極端的情況是，她隱瞞了一些過程，或者捏造了一些情節。我都可以諒解，我也應該諒解。因為，敘說的同時，茉莉也在試著詮釋，她在給自己不同的生命進程下定義。

小葉是個客氣明理的孩子，我給她安排五十分的作業，她就寫五十分的；給她安排六十分的作業，她就寫六十分的，不特別認真，也不特別怠惰，是個中規中矩的好孩子。相處起來不多話，挺安靜的，只是她的眼神會告訴妳，妳說的話，她都有在聽。

只要我一個不注意，她又會趴在桌子上開始塗鴉，沒人打擾的前提下，她可以畫上一整個下午。小葉的課本跟講義爬滿小動物與食物，偶爾水果長出手腳來，偶爾動物穿著正式的服裝閒話家常。我喜歡看著她的構圖，深受她的童趣所吸引。

我問過小葉：「畫圖技巧是跟誰學的？」

「自己看書學的。」

「他們的說話內容呢？又是從哪裡看來的？」

「自己想的。」

小葉笑咪咪地回答我。

我跟小葉相處了兩年，茉莉沒有給我什麼標準，確定小葉有跟上進度即可。小葉有一次考出第四名，我跟茉莉很驚喜，下一次她考第十名，茉莉也只是笑了笑，沒多說什麼。

我在茉莉家的日子總是很愉快，愉快得我不像是去工作。

＊

小葉快要考基測的前幾天下午，茉莉正好在我的大學附近見客戶。她約我吃下午茶。我們說了一些小葉的事，更多時候，我們討論茉莉過去的事，我很熟悉這樣子的比例。

但是那一天，茉莉有些不同，她的語速很慢，不時停下來看著我，像在斟酌些什麼。

「小葉要升上高中了，以後妳也不會一個禮拜來我們家兩次了。」

我點點頭，嗅聞到離別的感傷。

完成階段性任務後，家教老師最後的工作就是好好地說再見。

不同的是，我捨不得小葉，更捨不得茉莉。

「有些感觸，我想跟妳分享，妳就當作是我的嘮叨吧。」

「阿姨請說。」

茉莉停了下來，拿起一個司康，抹上黑醋栗果醬，咬了一口，咀嚼了幾下，沒多久，茉莉放下司康，有些激動地開口：「小葉是我唯一的小孩，說來諷刺，我們最快樂的日子，或許是我懷她的十個月，那時我什麼也沒在想，只祈禱她健康平安。」

我點點頭，母親也對我說過類似的話。

「小葉出生後，我們都很辛苦，我有我的壓力，她有她的。小葉一天一天長大，外界對她的期待越來越多，我不能置之不管，只好勉強小葉去迎合他們的眼光。有時候，我會想，是不是世界上沒有別人，只剩下我們兩個，我才有辦法好好愛她？小葉五年級的時候，自己說要去上美術課，我明知她有這方面的天分，也對畫畫有興趣，但我怕會耽誤到她的課業，勸她改上資優數學。小葉答應了，我卻高興不起來，心底有些空空的。小葉去上資優數學的第一天，她下車走進補習班，我看著她的背影，好像看到自己。為了讓母親安心，我沒有念博士，嫁人做家庭主婦。小葉也是，她為了讓我開心，放棄美術課，去補她沒有興趣的數學。」

茉莉靜下來，喝光杯中的紅茶。

我拿起茶壺，倒了一杯新的給她，茉莉點頭致意，說了下去：「我想保護我的女兒，但這很難，有時候我不夠勇敢，也會跟著別人一起傷害她。小葉作弊那件事，我到現在還是不太能原諒我自己。小葉有一點遺傳到我，我們都是為了取悅母親寧願委屈自己的人，可是，我不想要小葉成為第二個我，那很痛苦，有太多不必要的執著，到我這一代該結束了，小葉有她自己的人生。小葉要考高中了，我的母親、婆婆和永信很渴望她考上北一女，至少中山女中。我沒有。我告訴她，妳有盡到努力最重要，不要管他們怎麼說，我會支持妳。」

茉莉看向窗外，右手揉搓左手的指節，眼眶些微泛紅。

我看見一個在女兒、妻子、母親與媳婦各個角色中，反覆取捨比例的女人。

*

幾天後，基測結束了，小葉沒有考上北一女，也沒有考上中山女中。

小葉打電話告訴我，她只考上附近的社區高中，爸爸跟外婆對她很失望，媽媽倒是很開心，說要帶她出國作為犒賞。小葉的語氣有些矛盾，她說，雖然有點對不起大家，但一想到在社區高中念書，課業壓力沒那麼大，或許可以花更多時間做自己喜歡的事，便忍不住有點開心。

掛斷電話之後，我可以想像茉莉正面臨的責難。

父母的言行態度，隨時隨地都在影響小孩子的每一個動作；而父母本身，可能也深受上一代父母的言行態度所影響。

茉莉說，丈夫的父愛是有條件的，他只在小葉考了前三名那次才像個父親。會不會有一個可能是，永信的父母也是這樣告訴他的？只有成功的小孩才能取得被愛的資格。

茉莉自己的前半生，像個傀儡一樣，母親要她往左，她不敢往右。明玉的內心滿是空洞，茉莉犧牲掉人生的許多可能，盡力滿足母親的要求。直至作弊事件，她才明白小葉正在複製她的路，小葉也在勉強自己來取悅茉莉，不知不覺中，小葉的四肢也綁上了繩線。

跟永信不同的是——茉莉不想走上一樣的路，她決意給小葉剪斷所有束縛。

小葉可以自由地伸展手腳了，茉莉卻可能因此被貶抑為一個疏於管教的母親。

沒關係，茉莉會學會勇敢的。

我看得出來，世界上茉莉最愛的人是小葉，茉莉不能失去她。

後記：

故事裡有三個女子，明玉、茉莉與小葉。起初我寫小葉多一點，但是故事之後失控了，每個角色自己分配起各自的出場分量。我寫到後來才後知後覺，我對茉莉的感情，比我對小葉的感情更深。我若把焦點放在小葉上頭，這故事走到結局一定不精彩。

這過程，像是攤開一張揉皺的彩色玻璃紙，經過縝密地平整後，光線穿透，色彩於是灑落。

第6個家

天賦。

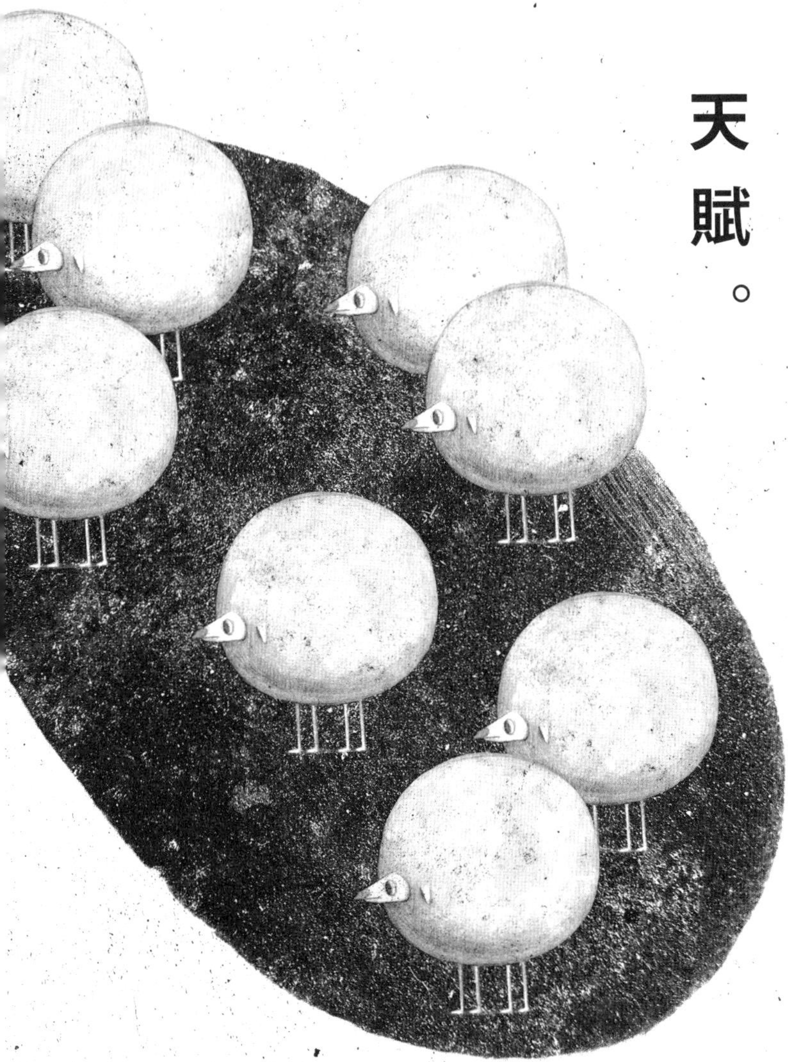

Colors

全家福裡他們笑得很燦爛，
沒人懷疑他們愛著彼此。

我做過一個不很嚴謹的調查，在我接觸過的六、七十位學生當中，我問了至少一半，最討厭大人對你們做哪些事情？結果令我十分意外，縱然這些學生的性別、個性、在家中的排行、父母的社經背景、居住環境等等均不相同，他們的回答倒是有些一致：「比較吧，最討厭父母拿我跟別人一起比較了」，有的學生說得更仔細一點：「如果比較的對象是手足，又更討厭了。因為你必須跟你的手足住在同一個屋簷下，朝夕相處，怎麼躲也躲不掉。」

直到遇見紀小弟，我才真正明白這種處境的艱難。

＊

紀太太是我從事家教第五年認識的雇主。她生了一對姐弟，我先教導姐姐，姐姐資質不壞，順利地考取心儀的大學，待我準備功成身退之際，紀太太提出一個想法。

「我的兒子在補習班蹲了兩年，成績沒什麼進步，我也不知道他去那邊到底在幹什麼？如今他要考高中了，不如退掉補習班，由妳來接手。如何？」

紀太太和我商量時，姐姐也在旁邊聽著，她眉心輕攏，不以為然地撇了撇嘴，說道：「啊？老師之後要去教弟弟啊？不好吧，媽，妳是想把吳老師氣死嗎？」

我有些訝異，姐姐向來是個溫和的人，很少說話這般語帶酸氣。

即便如此，我還是接下了紀小弟的家教，我的想法很實際，姐姐升上大學之後，她原有的時段就空了出來，由紀小弟來填補，也省卻我再找一個學生的麻煩。

現在回想，那時的想法實在太單純了。

我應該多留心姐姐的話語。

給紀小弟上完第四堂課的當晚，人剛回到宿舍，還來不及上廁所，就接到紀太太的來電。

她聽起來很生氣：「老師，都第四次上課了，為什麼妳派給弟弟的作業還是那麼少？」

「少？」我在心底數了一下，不覺得有特別少。

「對，上一次我問他，功課寫完了嗎？他說寫完了。我不相信，他說，老師只出五頁。我怕他騙我，所以這次上課，我請老師勾一下作業的範圍不是嗎？剛剛我數過了，不到三十個選擇題。老師，一個禮拜兩小時的課程，三十道題目，這樣的練習不覺得太少嗎？」

「會嗎？」

「當然太少啊！」紀太太的聲音更響了，我把話筒挪遠了些：「而且，老師，我檢查過弟弟的筆記本了，已經上了整整四回課，他的筆記只有四頁……換作是姐姐，她至少已經整理出十頁的筆記了。老師，妳的教法是不是跟之前有差異，妳對弟弟比較不用心？」

「等等，紀太太……」我試圖給自己爭取一些發言的空間：「我承認，在教弟弟時，我的教法會刻意輕鬆一點，那是因為弟弟手上的單字量不多，一些基本的文法原則也還在建立中，我以教姐姐的速度去教弟弟，弟弟很可能會跟不上。」

「老師，妳現在是在跟我說——弟弟的程度比較差嘍？」

當場，我像是個啞巴一樣，囁嚅著雙唇，丟不出隻字片語。該怎麼回答這個問題呢？

「老師，妳怎麼不說話了？」紀太太喪失了耐心，頻頻催促。

現在，在我眼前，我看見了一條鋼絲線。

我站了上去。

「紀太太，我沒有這個意思。」

小心地前進。

「那妳到底是什麼意思？」

線震盪了起來。

「我的想法是，弟弟跟姐姐的個性不同，姐姐很積極，弟弟比較慢性子。但是，我不認為這代表弟弟的程度比較差……頂多只能說是，我得先去找出弟弟學習的動機，因為姐姐本身對英文就很有興趣，弟弟則不然。我若一味逼迫，說不定只是在揠苗助長。」

冒險地踩了個大步，鋼絲的搖晃更劇烈了。

紀太太直接打斷我：「老師，妳不可以這樣想，妳這樣想就錯了，因材施教不是這樣的做法，這是不對的。妳教過姐姐，妳知道姐姐很自動自發，她不是那種會讓大人操心的小孩。弟弟則完全不是那麼一回事，他就跟牛一樣，很固執，總賴在原地，不思進步。妳要在前面用力拉，他才會老大不情願地往前走一、兩步。所以，老師，妳要在前面很用力地敦促他。」

「那，阿姨，妳覺得怎麼做，對弟弟最好？」

我靜止不動，打出安全牌。

「每一次上課都要考試！」紀太太以我們開始通話以來，最興奮的聲調回答我。

「每一次？」

「對，每一次。考上一次課程的內容。我會準備一本聯絡簿，請妳一邊上課，一邊註記這次上課的進度、教授的單字文法，這次小考成績和下次的考試範圍。每一次下課，請妳把那本聯絡簿交給我，我要檢查他的學習狀況，順便對照一下是不是有重點漏抄了。」

「聯絡簿？」我越來越覺得不舒服。

「對，沒錯，考試還有十個月，要在這十個月內把弟弟的成績拉上來，所以我們得合作，老師妳負責專心上課，妳不在的時候就換我顧著弟弟。聯絡簿寫得越詳細越好，我才知道我有哪些事項必須要檢查，只要我們貫徹這個模式，弟弟一定可以考上好學校的！」

紀太太口中的好學校，是姐姐的母校。台北市男女合校的第一志願。

「好，我知道了。」

「哦，對了，我希望他的功課，可以出得比姐姐多一些。姐姐的英文很優秀，不用緊張，弟弟的英文卻很爛，姐姐練習一張考卷，他可能得寫兩張，才能達到一樣的水準。」

「好吧，我會試試看這樣做。」

掛上電話後，整整二十分鐘，要不是強勁的尿意持續勒索我的膀胱，我根本起不了身。

看了一下手機螢幕，通話時數：四十三分。

經驗告訴我，紀太太之後還會再打電話來的。

父母是一種太孤單的職業了，一旦他們的情緒找到出口，他們便會繼續開發這條道路。

整個晚上，我不停地自問：「莫非陳小姐的那一套，錯了嗎？」

＊

陳小姐是另一對姊妹的母親。一模一樣的狀況，姐姐升上大學後，她要我轉為輔導妹妹考高中。

這對姊妹感情很好，她們共享一個房間。從前，當我給姐姐上課時，妹妹就在隔壁桌子讀小說、寫作業，偶爾也會加入我們的對話。

好幾次，我注意到她在一本幾乎吃掉半張書桌的大筆記本上，忙碌地塗塗改改，努力地填滿行間的空隙。稍加探聽之下，妹妹有些得意地告訴我，她正在「連載」一個玄幻、架空的故事。每節下課，班上幾位同學會爭相傳閱她的最新進度。

這引起了我的好奇，我也喜歡寫東西。姐姐中途休息時間，我就轉頭和妹妹討論她筆下故事的劇情，角色之間的比重和後續的進展等等。

和嚴肅、習慣按部就班的姐姐相較，妹妹的想法很天馬行空，她是個浪漫的小孩，跟她聊天總是很愉快。在妹妹身上，我彷彿找到過去的我，抱著一本筆記本就能行遍萬里。是以，陳小姐提出這個想法時，我欣然答應。我以為，就我和妹妹的交情，上起課來一定很輕鬆愉快！

沒想到，第一堂課結束，我沮喪得簡直不想再上第二堂課了。

平日與我互動良好的妹妹，在我們成為師生之後，在我們之間的話題從小說跳躍成英文之後，妹妹變得很意興闌珊，短短兩個小時，一百二十分鐘，有數次，她看著我，童稚的眼神藏不了太多心事：她在等待，等待時間一到，我會離開。

九點的鐘聲一響，我可以感覺到她鬆了一口氣。

妹妹毫不遮掩的反應令我很沮喪，我彎腰駝背地步出她們姊倆的房間，心事重重。

陳小姐送我去搭電梯，她笑咪咪地問道：「妹妹的狀況好嗎？」

「說實話……一點也不好。」

陳小姐的笑容咧得更開了：「果然，我當初問妳要不要教妹妹的時候，就已猜出妳會有今天這樣的反應。老師，妳知道問題出在哪裡嗎？」

「跟姐姐相比，妹妹似乎對讀書沒那麼熱中？」

「今天是老師第一次正式接觸到妹妹的學習狀況，會有這樣的心得是人之常情，因為，和姐姐放在一起看，妹妹的學習意願似乎不太理想，但這並不是妹妹本身的錯，可以說是長期以來，外界給她施加的壓力導致的，更直接一點說，是我給她施加的壓力導致的。」

「不會啊，阿姨是很明理的家長。」

這可是真摯的肺腑之言，在我教導姐姐一年左右的時間，從頭到尾陳小姐都沒有干涉太多。在我心中，她是不可多得的家長，她給老師很大的彈性與空間。

「哈哈，那是因為老師妳不認識以前的我啊——我跟妳說，姐姐從小在學業上的表現就非常出色，不僅是學科，即是才藝競賽，哪怕老師臨時地推派她出去比賽，姐姐也能輕鬆地抱回不錯的成績。我以為，姐姐這樣的成就很理所當然，等到妹妹也進入小學時，我才察覺到事情才沒有這麼簡單！」

「妹妹的成績，不如姐姐嗎？」

「對，妹妹的排名大概落在班上的中間，這只是學科，才藝比賽更不用說了，她在小四之前，只參加過一次比賽，還是說故事比賽……」陳小姐聳了聳肩，繼續說道：「老師說，她在班上就是『存在感很低』的一個人，不屬於任何小圈圈，沒什麼個人意見，也不太會主動參與討論，跟大家的交情很淡。大家對她的評價不外乎是：普普通通，不特別好，也不特別糟糕。親朋好友都很惋惜，想說姐姐那麼優秀，怎麼妹妹的資質卻很平庸？」

我聽得很入神，陳小姐沒有跟我提過這方面的事情。

「我很緊張，覺得有些對不起妹妹，一樣都是我生的孩子，怎麼天分差這麼多？妹妹該不會一輩子都活在姐姐的陰影之下吧？我很怕，就幫妹妹請了兩個家教搶救她的課業。當時，我的出發點很簡單：『只要姐姐能，妹妹一定也可以』。但是，請了家教之後，不行，整個毀了，妹妹非常抗拒，上課前她會哭鬧很久，有時老師都站在門口脫鞋子了，她還站在客廳哭。我沒其他的方法，只好跟妹妹討價還價，拜託她進房間上課。有時候，老師才講了半小時，妹妹就開始耍性子，還會用腳踢老師，她曾把一位剛升大學的女老師給氣哭了。」

陳小姐紅著臉，乾笑了兩聲。

想到內向的妹妹抬腳踢人的場景，我忍不住跟著笑了起來。

「我丈夫覺得我快要把妹妹給逼死了，就找人介紹一個諮商師，據說很擅長家庭問題，三十歲多一些，剛拿到博士學位。那諮商師很直接，我們第一次見面，才談了四、五十分鐘，她就抬起手來，制止我繼續說下去，然後，她跟我說了一句話，讓我一輩子都忘不了，她說：『陳小姐，妳的小女兒會變成現在這個樣子，有很大一部分是妳造成的……』當場，我目瞪口呆，氣得想要衝出諮商室。我覺得她不懂，一個未婚，又無子的人，憑什麼批評我帶小孩的方法？」

陳小姐是個可愛的婦人，她很誠實，不會刻意美化事情的前後發展。

「但是，我丈夫想的跟我正好顛倒，他很信服這位諮商師的專業，說人家是旁觀者清，要我繼續跟著這位老師。再過了半年，我的心境才有些改變，覺得那位諮商師說的，多少有些道理。」

陳小姐深呼吸一口氣，很慢很仔細地說：「所以，老師請妳慢慢來，不要貪快，我們不急。這很重要，我跟妹妹說要找妳教她英文，妹妹沒有拒絕，這就是很大的進步了。她曾經很抗拒我們再給她請老師。一堂課，兩小時，妳也可以只上十個單字，一、兩個文法。」

我面有難色，心底有些反彈：家教不就是在短時間內，補足學校教育的不足，如今陳小姐卻要我「慢慢來」？再者，我一小時索取不低的價碼，只教十個單字，一、兩個文法，豈不是擺明了我在混水摸魚？說得更難聽一點，是來騙錢的？

陳小姐看出我臉上一連串的問號，她微笑著鼓勵我：「老師，我知道妳對這工作有自己的看法，也很重視小孩子的成績。可是，小孩的學習動機跟創意，是很珍貴的。妹妹上一次給家教上課，已經是六年前的事了。我不想重蹈覆轍。只要能讓她保持興趣，不要排斥學習，我就很開心了。」

電梯門關上，樓層一級一級往下，我才後知後覺地想起一件事情。我跟陳小姐認識也有一年多了，從前，我們之間的往來很行禮如儀，對話總停留在日常的寒暄，最有感情的一句話是「再見」。改任妹妹的家教後，她卻欲罷不能地跟我聊了將近一個小時。

在陳小姐的堅持之下，第二次上課時，對我來說是非常新鮮的嘗試。我先花了十分鐘，和妹妹討論她的小說近況，之後，我再花十分鐘，發表我對於裡頭劇情走向的觀點。我很直率地指出部分情節的矛盾，不刻意討好我的小客戶。孩子們遠比我們所認知的更為敏感，他們能輕易偵測出妳對他的行為有無真心。

在我進入她房間的第二十一分鐘，我們才打開了英文講義。每進行一個段落，我就停下來，再回頭去講小說，不忘分享幾個我喜愛的作家，介紹他們的風格。偶爾，我會引入一個情節，往往是整部小說裡最刺激、懸疑的橋段，在真相就要水落石出時，我狠心地就此打住，再回頭複習方才教過的英文單字和文法。

不知不覺中，妹妹的眼睛停留在我身上的時間，從五分鐘、十分鐘，延長到半個小時，或者更久。有一次，我告訴她：「寫完這題，就可以下課了，時間到囉。」

妹妹訝異地抬起頭，看了掛在牆上的時鐘一眼：「啊，怎麼那麼快！」

聞言，我心頭一熱。看著妹妹時，百感交集。

她不會知曉，自己無心的一句話，帶給我多大的鼓舞。

我帶妹妹的時間不長，不過七、八個月，就是關鍵的大考。妹妹考出「中間偏好一點點」的分數，我有些內疚，認為妹妹可以更好的。

陳小姐反過來安慰我：「別只看結果，妹妹的英文可是從後段班進到中段班了。」

經陳小姐提醒，我才想起，對哦，若說進步的幅度，妹妹的表現真的很出色。

在那個時分，我想起姐姐，我千真萬確地想起她。在同樣的田徑場上，姐姐奔躍的速度絕對是全場最亮眼的，可是，妹妹抵達終點的姿勢是如此優雅，優雅到你不得不起身也為她喝采。

這對姊妹，各自以她們的方式，贏得了我的喜愛與敬重。也是在這個分秒，我初探教育的本質，教育的存在，不是讓每個孩子都拿到很高的分數，教育是要讓每個孩子的天賦都能伸展到極限，並且尊重他最終的成果。

＊

是以，面對紀太太的要求，我感到不安，她的做法跟陳小姐可說是徹底的相反。我不確定，依照紀太太的想法去走，到底會得到怎樣的成果。

但我會聽從她的指示，也必須聽從她的指示。

這是一位擔任專職家教近十五年的前輩給我的警言：「不要幻想妳可以在家教這一塊，實現多少教育的價值。認清真相吧！家教這職業的老闆是誰？妳以為是學生嗎？才不是，是家長。縱然妳說，接受服務的對象是小孩，那又如何？小孩會給妳薪水嗎？並不會。既然如此，有權力決定服務內容的人，永遠是家長，讓家長滿意，永遠是第一順位，若家長和學生的想法有了衝突，還是家長優先。妳了不起就是做到減少對學生的影響和傷害。不要去挑戰家長的想法，他隨時可以叫妳走人，再找一個聽話的老師來教，事情只會變得更糟。」

下一次上課，我跟紀小弟提及，從今天起，我們會有例行的小考。

他反應得很快：「是媽媽跟妳說的吧？」

我沒有否認，只是點頭。

紀小弟拍了自己的額頭一下：「又來了。」

見我沒有說話，他繼續發著牢騷：「靠，姐姐喜歡考試，不代表我可以啊。」

我皺了皺眉，他有些緊張，嘴巴動了動，似乎想解釋些什麼。

「你的興趣是什麼？」我無心追究，反而對他讀書以外的生活起了興致。

「打籃球。」

「你打得好嗎？」

「當然！只要和隔壁班三對三，我一定在名單上。不是我要自誇，我的籃球真的不錯，縱使打了一整天的球，我在家也會忍不住模擬運球的動作，就為了抓住球感，我媽跟我姐都說我瘋了。管她們去說，她們這種只在乎念書的人，才不懂運動的價值！」提到籃球，紀小弟宛如變色龍一般，不過一眨眼，上一秒黯淡、怨聲連連的可憐蟲即消失得無影無蹤了。

只見他雙眼發光，手腕隨著說話頻率而劇烈地擺動：「明天一早六點半，我也跟同學約好了，要跟十三班的人打比賽，我好期待，據說他們班最強的也要來。」

「這麼早？」

「現在是暑假，到八、九點就太熱了。」

「你起得來嗎？」

「起得來啊，只要想到比賽，鬧鐘一響就起床了，完全不會賴床！」

我點點頭，終於理解怎麼姐姐頂著一身白皙的肌膚，弟弟卻曬得跟小黑炭似的。

「你把打球當興趣，還是之後會朝這個方向發展？」

光彩轉眼間從紀小弟的臉上消失了。

他轉過臉，左手托著自己的下巴，有氣無力地說道：「我跟媽媽說想考體院。媽媽說，體院畢業的，若沒有考上學校老師，就會餓死街頭。她說，我一定要認真讀書考上法律系。叔叔有一間法律事務所，但是叔叔沒有結婚，也沒有小孩。媽媽說，只要我考上法律系，拿到律師執照，叔叔一定會把那間事務所給我。」

「姐姐呢？為什麼不是把事務所給姐姐？」

「媽媽說，姐姐以後會結婚，事務所交給我，才不會變成外人的。」

我總算懂了，為什麼紀太太這麼堅持要讓兩姐弟的成績可以「並駕齊驅」。這背後，有一股更古老的力量，是文化、是結構，也是難以動搖的觀念。

時間不許我們再閒聊下去，我拿出考卷，「我們來考試吧。」

紀小弟發出不情願的哀鳴。

我有時候很厭惡自己必須扮演這樣的大人。

*

紀小弟很聰明，他很快就看清事實，與其積極抵抗，不如採取沉默、消極不合作運動。他抄筆記，但他只是抄，沒有經過思考與整理。他應考，但只在考前半小時才準備，成績不理想，他就苦著臉，用力地為自己喊冤：「我有讀啊。」他並且指向講義上虛情假意的畫線、潦草且兵荒馬亂的註記。除了敷衍，還是敷衍。

我們之間的互動，就是沒有互動。單向的輸出，單向的敷衍。這樣的教學自然沒有好的成效，我知道我們在浪費時間，浪費他的，也浪費我的。

眼見兒子的成績毫無起色，紀太太緊張了起來，她打電話給我的次數越來越頻繁，通話時數越拉越長，訓誡也越來越嚴肅，不停地糾正我教法上的缺失。我最後被念得心生厭煩，懶得再與她爭論，索性一切按照她的意思去規劃，到了更最後，我簡直是跟著紀太太一起對紀小弟施壓。紀小弟對我的存在也越來越排斥，他看我的眼神一天比一天不友善，甚至把我視為母親的應聲蟲，紀太太邪惡的代理人。

我無法改變他的想法，因為我自己也開始有這樣的幻覺，偶爾，在我靜下心來冷靜思考時，會有一道聲音告訴我，妳越來越像紀太太了。

這個想法讓我噁心到想吐。

我想辭職，但這樣的念頭絕對會招致紀太太嚴正的抗議。這也是家教此一行業的忌諱，越是逼近考期，就越不能輕易喊辭職。

我祈禱著有誰來破壞這恐怖的平衡，徹底粉碎這三角關係的結構。

竟然是紀小弟做到了。

＊

事發前幾天，紀太太打電話給我，與我商量更換上課時段的事宜。

簡單來說，她打算把原本三點到五點的時段，挪到早上十點到十二點。理由是：「不這樣做，弟弟每天從早上六點出去打球，就跟同學廝混到下午兩點多才回家。回到家，睡個午覺，等妳來上課。一天二十四小時，他就這樣浪費了一大半！」

我很為難。一週七天，紀小弟最快樂的時刻，莫非在球場上的時光，紀太太竟堅持要把這麼快樂的時刻，替換成我的家教課。

去上課那天，一上公車，我的眼皮就跳個不停，顯然不是個好預兆。下公車後，我慢慢地走，我的心跳聲越來越大，耳朵也有點痛。一抵達紀家，紀太太對我的準時出現露出滿意的微笑，她指了指紀小弟房間的門，說：「他今天心情有點不好，不肯吃早餐。」

我戰戰兢兢地轉開房門的握把，紀小弟坐在位置上，看起來很平靜，我以為他接受了紀太太的安排。不，我大錯特錯。待我坐定，他把我當空氣，趴在桌子上，像條法國麵包，一動也不動，任憑我怎麼喚他，他連瞧我一眼也不屑。眼見時間一分一秒地流逝，我無計可施，只得步出門外。紀太太正在廚房準備晚餐，聽到我的報告，她隨手往圍裙一抹，怒氣沖沖地往紀小弟的房間前進，沿途她腳下的拖鞋發出刺耳的噪音。

「你為什麼不上課？」

紀小弟還是趴在桌子上，毫無反應。

紀太太大步向前，用力擰轉兒子的耳朵：「你給我起來。」

紀小弟彈開身子，現在他站著，揉著自己發紅的耳朵，看著紀太太，更坦白一些，是「瞪」著自己的母親，眼中是赤裸裸的恨意。我很不想使用到這樣的詞彙，但那確實就是恨意，非常具體的恨意，難以用言語去柔焦、修飾。

「我要打球。」他堅定地說出自己的訴求。

「不可能，你要準備考試，基測要到了。」紀太太不做他想，一口回絕。

他們母子倆對峙著，我這個外人杵在角落裡，看著他們，感到滑稽。

紀小弟握著椅子，他的指骨泛白，不難想見他握得很用力。

我很同情那張椅子，它現在勢必承擔著很大的壓力。跟紀小弟一樣。

紀太太沒有發現兒子的異狀，尖聲命令：「趁著暑假，別人都在放鬆、偷懶的時候，好好地衝刺一下，等到開學模擬考，就可以領先別人了，這樣不是很好嗎？」

「為什麼我一定要領先別人？我難道不能跟他們一樣偷懶、放鬆嗎？」

「你就是這樣——」紀太太拉了個戲劇性的長音：「才會老是跟不上姐姐。姐姐準備考試時，暑假第一天，就已經排好讀書的行程表了。之後，除了休館日，她每天七點半起床，和同學去圖書館排隊等劃位，讀到晚上九點半閉館的時候才回家。」

紀太太悻悻然地用鼻子哼了一聲：「你呢？成天只會跟一群阿貓阿狗瞎晃。」

聞言，紀小弟激動地脹紅了臉，他重重推開椅子：「妳不可以這樣說我的朋友。」

「我有說錯嗎？姐姐的朋友都是班上前幾名，全是用功的好孩子。我已經忍受很久了，你每次帶回家的朋友，每一個看起來都像不良少年，那個姓江的，才國中染什麼頭髮，還有那個李什麼的，名字我忘了，他為什麼要穿耳環？他媽媽是沒在管嗎？你怎麼不跟姐姐一樣，交幾個正經的朋友？」

紀小弟沒有反應。

他站在那裡，雙手直直放下，我以為他放棄抵抗了。

他開始喃喃自語：「我受夠了……我真的受夠了……」

「你到底在碎碎念什麼？」

下一秒，紀小弟對著紀太太大吼：「我說我受夠了！開口、閉口都是姐姐，如果妳那麼愛姐姐，當初幹嘛生我？生姐姐就好了啊。我好恨，為什麼我是妳的小孩，是紀茹芯的弟弟。」

紀太太愣住了，她看著自己的兒子，眼睛瞪得跟牛眼一樣大。

現在，紀小弟徹底控制住場面了。

「我有說錯嗎？是我拜託妳把我生下來的嗎？幹，我真的快被妳搞到起肖了。我都跟我朋友說，我有個瘋子媽媽，自以為找了個家教，就可以把我變成第二個紀茹芯。我恨妳，我恨紀茹芯，我知道，妳們都覺得自己很聰明，都把我當白癡。對，我就是永遠沒辦法跟紀茹芯一樣聰明，妳醒醒吧，妳就是生了一個頭腦簡單、四肢發達的兒子！」

紀小弟看了我一眼，又看向紀太太，居然笑了：「妳那麼愛上課，那妳自己來跟吳老師上課啊，妳自己要發神經可以，我才不要陪妳們一起發神經！」

紀小弟，像顆子彈噴射出去，在與紀太太錯身時，他沒有猶豫，伸出手來推開自己的母親，他毫無收斂、使出全力。紀太太跌坐在書桌旁邊那張平日用來堆放參考書的小板凳上，參考書跟著散落一地。

血色從紀太太的臉上褪得一乾二淨，她蒼白得像是見了鬼。

鑰匙相互碰撞的聲音。

大門被狠狠甩上得轟然巨響。

之後，就沒有聲音了。

房間一下子變得好安靜，安靜到有些嚇人。

紀太太她背對著我，從後方看過去，她瘦小的身影又縮短了不少。

「老師，不好意思，今天就麻煩妳先回去了……」

她說話的時候沒有轉過身來，依然背對著我。

幾秒鐘後，她又加上一句：「薪水的事不用擔心，我還是會給的。」

我掙扎了老半天，想安慰紀太太，但立場卻也很矛盾。

我一直以為，眼前的這一切實際發生時，我會很開心。但是，注視著紀太太的背影，這麼久以來，我對她的怨懟及不諒解，如煙消雲散。

*

我編織了一個藉口，告訴紀太太，我沒辦法再教了。

因為懦弱，我是用電話表達的。電話的另一端，紀太太安靜了幾秒鐘，似乎在想些什麼，我聽見她發出幾個無意義的單音，停頓了一下，才說道：「那我知道了，謝謝老師過去帶弟弟的苦心。很遺憾，妳沒有帶到考試結束。」

她的聲音四平八穩，沒有情緒，也沒有感情。

我感到有些悲涼，教姐姐的那一年，紀太太對我的態度可是比現在熱絡許多。

剎那之間，一股衝動攫住了我，在我意識到時，話語早已從我的舌尖竄了出去：「阿姨，我覺得，弟弟跟姐姐的天分，是在不同的領域。一直用姐姐的標準來要求弟弟，對弟弟來說……」，我斟酌說話的輕重：「會不會有些太吃重了？」

「所以，老師是在暗示說，我教弟弟的方式有錯嘍？」

「我沒有這個意思。」我在心底痛斥自己的多嘴，偏偏路已經開了，只得走下去：「我只是覺得很可惜，弟弟也很優秀，他在體育方面很傑出，同學們也很崇拜、仰重他在籃球的造詣，既然如此，那我們可不可以停止用『學業成績』的框架去束縛他？」

紀太太安靜了好半晌。

我以為我成功地說服了她。

等她再度開口時，語氣是驚人的冷淡，彷彿她正在忍耐對我破口大罵的衝動：「老師，孩子是我的，不是妳的。我才是紀培豐的媽媽，他的未來，不管是一帆風順，或者窮途潦倒，我才是真正承擔這一切的人。老師，妳沒有小孩，妳不會知道，小孩出生之後，父母就得為小孩的一切作為負責，這負責的程度永無止境，是妳無法想像的……」

紀太太頓了頓，再度開口，這回她的聲音多了些溫度：「做父母的我們，每天都在提心吊膽，昨天為小孩粗魯的舉止給人道歉，今天又可能因小孩的成就而得到他人的讚美。父母的成敗，總是跟小孩綁在一起。若是放任紀培豐按照自己的興趣走，給他念體院，等到將來沒有找到正式的職缺，誰才是真正要去承擔的人？老師，那人會是妳嗎？不是吧？」

我說不出話來，巴不得挖個坑，把自己埋進去。紀太太說得沒錯，我是局外人。

紀太太明明可以趁勝追擊的，但她並不，相反地，她的語調在瞬間變得非常委屈，像在問我，也像在自問：「既然如此，我在紀培豐迷失之前，把他領導到正確的方向，又有什麼錯？老師，妳覺得我是錯的，但是妳自己不也拿了很漂亮的學歷，所以我才願意給妳這麼優渥的薪水，我希望小孩子可以像妳一樣，賺錢的方式比別人輕鬆，少吃一點苦，可以舒適地坐在冷氣房裡，而不是頂著烈日去工作，這樣子的念頭，有錯嗎？」

我嚥了一下口水，太無懈可擊的演說了。

若時光可以倒轉，或者在那逼人窒息的分秒之間，有誰給我送一些空氣，我可能有辦法分神去想，這樣的對話，她獨自排演了多久？對於自己的作風，她是否也掙扎過？我幾乎忘了我和紀太太是怎麼結束掉如此不愉快的對話，我們有和對方說再見嗎？紀太太可有再多說些什麼？我全忘了。只記得掛斷電話時，我手麻腳麻，有一段時間，甚至感覺不到自己聲帶的存在。

對於自己的躁進和自以為是，羞恥感像是海浪似的，一波一波地沖刷著我的身體。

我怎麼可以自大地以為紀太太不愛她的兒子。

紀小弟之前打籃球傷到了脊椎，紀太太怕有後遺症，趕緊為他換了一張近十萬元的床墊。然而紀太太本人，舉日素著一張臉，穿的衣服看來看去就那幾套。她似乎不曾想過要把錢花在自己身上，成天繞著兒女的需求打轉。

每一次，她抱著話筒焦急地與我商討新的讀書方式、新的時間規劃、新的進度調整，我只介意著她佔用了我多少時間，未曾思量過她必定也是很有耐心地觀察了很長一陣子，在心底預演了幾次，嘗試研擬出可能最適合她兒子的學習途徑。

每一次，她看著紀小弟抱著球就消失得不見人影，她坐在家裡等待，時鐘的指針無情地往前，她知道打球的兒子是最快樂的，但她不能確定，這樣的快樂可以維續多久……她知道讀書對兒子是痛苦的折磨，但這或許是在台灣最容易的生存之道。

紀家的電視櫃上，放著一張全家福，是四年前在東京迪士尼照的，紀茹芯、紀培豐分別從左右抱著紀太太，他們笑得很燦爛，那時，沒人懷疑他們愛著彼此。

第7個家

衣櫃中的小劇場。

除了太漂亮之外，他還是那種老師愛死了的標準小孩。

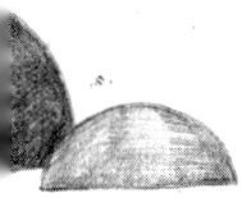

Closet drama

說來好笑，在我結束和賈寶玉之間的師生關係後，我們才真正好了起來。

基測前半年，賈寶玉的母親在人力銀行上看到我的履歷，親自打了一通電話，口吻溫柔有禮，她說：「我的兒子很聰明，課業成績也很理想，師長都誇獎他是一個自動自發的好孩子。我這做母親的，其實也有點懷疑，有沒有必要再給他請一個家教，只是，他自己看到同學一個跟著一個去蹲補習班，心底多少有點恐慌吧，要我給他請個老師督促他。」

女人的聲音隱隱有些得意：「老師，我這兒子真的很聰明，從小到大沒給我添過什麼麻煩，他不會讓妳操心的，妳只要依照妳平常的習慣去教就好了。」

我很快地點頭了，很少有老師討厭教聰明的小孩。理由很簡單，聰明的小孩一點就透，教起來很省力。賈寶玉很聰明，一個星期一堂課，兩小時，這樣就很夠了。

初次見面，我在心底讚嘆，他可能是我這輩子見過最美麗的男孩。明眸皓齒，鵝蛋臉，櫻桃小嘴，我最嫉妒的是他的睫毛，又長又翹，簡直逼死一堆女人。賈寶玉眨眼時，從四十五度看下去，如娃娃般精緻動人。賈寶玉的父母長相並不特別出色，賈寶玉卻得天獨厚，各自取來父母長得最好的一段，成就了他絕美的外表。時常，我跟他講課到一半，不由得出了神，他太美麗了，我不得不問：「有人說過，你長得很好看嗎？」

賈寶玉皺眉，有些彆扭地說：「我們班男生都叫我賈寶玉，他們說我皮膚太白，嘴巴又太紅，身邊又時常圍繞著一堆女生。」

「女生圍繞著你做什麼？把你當姐妹淘嗎？」

「不，她們都喜歡我，要我選其中一個做女朋友。」

「那你怎麼不選其中一個做女朋友？」

賈寶玉的臉閃過一抹陰霾。

「誰叫她們長得太醜了。」他說。

我點點頭，心有戚戚焉，的確，站在賈寶玉的旁邊，多少女生要自慚形穢啊。

除了太漂亮之外，賈寶玉還是那種老師愛死了的標準小孩。你話語一落，他就低頭猛抄筆記，彷彿老師的每一句話都分量十足，完全滿足身為人師的虛榮感。該發問的時候他張嘴，不該發問的時候他閉嘴。除了學術上的交流以外，我們很少對話，賈寶玉是個寡言的人，我們的課堂被滿滿的「重點補充」、「必考文法」給塞滿了。

偶爾，非常偶爾，像是餃子破了皮，露出一些餡兒似的，賈寶玉會透露一丁點他的生活。戲碼大同小異，不外是賈寶玉今天又如何地在班上給人欺負了、排擠了。

「他們說你什麼？」

「說我是娘娘腔，死gay砲，成天跟女生膩在一塊。」

「你會反駁嗎？」

「我該怎麼反駁？讓自己的行為像個男生嗎？不，我做不到，我試過了。」

賈寶玉敘述時，語氣不疾不徐，從容得彷彿在說別人的事。

我想說出這些一定很痛，痛得他必須偽裝成彷彿是別人的事，不是他的。

＊

賈寶玉理所當然地考上明星高中，我在火車站附近一間簡餐店請賈寶玉吃飯。

服務生把飯菜上齊了，賈寶玉卻沒有動筷子，我催促他，他卻突然抬頭：「我有一個想了很久的問題。但妳得先答應我，在我問了這個問題之後，妳不能討厭我。」

我未作多想，只是點頭：「三八欸，想問就問啊！」

賈寶玉若有所思地看著我的臉。

過了好一陣子，他才謹慎地開了口：「我好像喜歡男生。」

我鬆了一口氣：「那又怎樣？」

教賈寶玉的時候，我二十一歲，在大學早已交了一大票的彩虹姐妹。

對於我的無動於衷，賈寶玉顯得很雀躍，但他勉強按捺了下去：「老實說，每一次我進入男廁，看到其他同學尿尿的姿勢，我會有一種奇怪的衝動。我忍不住幻想，色情小說的情節發生在我身上。有哪個男生會衝過來……對我做『那些事』。我偶爾會跟隔壁班一位同學對到眼，當我們四目相交時，我會在心底期待他抱一下我。我這樣子，是正常人嗎？」

我放下筷子。

賈寶玉的問題觸碰到兩個關鍵。比起同性戀，有更棘手的問題。我們總是很難要求大人去相信，孩子也懂「感情」，甚至，孩子是有性欲的。賈寶玉十五歲，夠大了。我告訴他：「你是正常的。再說，性不是什麼骯髒的事，擁有性欲也是很自然的現象。」

賈寶玉點了點頭，像是放下心中一塊大石頭。我們拿起餐具，開始用餐。之後的話題，多半是討論賈寶玉對於高中的願景，他看起來又恢復了過往的從容。

賈寶玉上了高中後，沒再聯絡我。我不由得去想，他選在那天問我那些事情，是不是看準了那是我們最後一次接觸。為此我有些落寞，但這也是家教一職的常態，每年九月，學生進入新的人生階段，我們同時得學習如何自他的生命中優雅地退場。

幾個月後，賈寶玉傳訊息給我：「老師，我交女友了。」

「你喜歡她嗎？」

「不喜歡，跟她交往越久就越不舒服。每一次，她對我伸出手，希望我牽她，或者她的臉頰湊過來，渴望我吻她，我都不禁反感得快要吐出來。」

「那你為什麼要跟她交往？」我有些生氣。

「我晚點打給妳，會打擾到老師的行程嗎？」

「我今天上課到九點，你九點半再打。」

「好的。」

晚上，賈寶玉打過來，時間一分不差。我猜，他想必是一邊握著手機，一邊注視著時鐘，心急如焚地等待。

「我媽發現我在書房裡的雜誌了，裡面有一些……哎，我直接說好了，是一些裸男抱在一起的照片啦。我媽平常就會翻我的房間，但那天翻得很仔細，連床底下都不放過。她看到那些雜誌，當場崩潰了，說我很噁心。晚上立即召開一場家庭會議，找來我爸、阿嬤，三個人輪流逼問我：『我是不是同性戀？』我本來想承認，可是聽到媽媽說：『我上輩子又沒做什麼壞事，怎麼可能會生出同性戀？』我又縮了回去，跟他們說，只是好奇，不是真的。」

「這明明就是真的。」

「我知道。」賈寶玉的語氣帶著埋怨，埋怨我的直接。

「對不起，我錯了，你繼續講。」

「那一天過後，我媽很疑神疑鬼，成天緊張兮兮。她跑去創了一個臉書帳號，只為了看我的動態。日常生活也不斷警告我：『媽媽這麼愛你，對你這麼好，你千萬不可以去當同性戀，傷媽媽的心。』我被搞得很煩，根本不想理她，每天回家就躲進房間。我媽很聰明，改叫我爸來試探我：『升上高中了，怎麼還不找一個女朋友？我們都很期待你第一個女友。你不用害羞，有了就帶回來給我們看看。』我爸跟我媽不一樣，他個性很溫和，對我很好，他是那種會坐下來好好跟你說的人。換我爸接手之後，天啊我變得更煩了，我可以躲我媽，可是我不想躲我爸，我爸是好人，我不想讓他為難。剛好那一陣子……」賈寶玉頓了一下，有些猶豫，接下來的話似乎令他有些難為情。

「怎樣？」我有些緊張，叫賈寶玉別再賣關子。

「剛好那一陣子，有個學姐跟我告白，我看她也不討厭，就跟她交往了，還刻意在臉書上設定『穩定交往中』，我媽看到很滿意，整個人神清氣爽，還叮嚀我要好好照顧人家。」

「也就是說……」我斟酌著遣詞用字：「你拿學姐當擋箭牌？」

「妳要這樣說的話，我也無能為力。」賈寶玉的聲音很沮喪，像是從低谷傳來似的：「可是，老師，我好痛苦，每次學姐把身體貼上來，我全身都很僵硬。」

「你女友沒有發現你的反應很不自然嗎？」

「之前有，可是我騙她：『我想珍惜妳，我們的進展可以慢一點』，學姐暫時是相信了。不過坦白說，我不確定我還可以演多久？哎，這幾天，想學姐的事情想得都快精神分裂了。」

電話的另一端，賈寶玉重重地嘆了口氣。

我握著手機，往後躺在床上，看著天花板，腦中一片空白，不曉得該從何協助。也或許賈寶玉早已明白我什麼忙也幫不上，他告訴我，只是想讓這件事情的重量多一個人分擔。

掛斷電話後，我起身翻找賈寶玉的臉書，「穩定交往中」的淡灰色字眼不很醒目，倒是賈寶玉的大頭貼，小小的格子裡，是賈寶玉與一個長髮女孩的合照，他們肩挨著肩，感覺很是親暱，賈寶玉的笑容有些不自然，女生的笑容則是很靦腆。

我覺得有些不舒服，飛快關掉了賈寶玉臉書的頁面。

*

之後的日子裡，賈寶玉一個禮拜會傳兩、三次的訊息給我。內容很固定，都是他和學姐之間的互動。賈寶玉正在談一場很煎熬的感情，他不喜歡對方，可是他答應要跟對方在一起，賈寶玉感受到自己對學姐有一種無以名之的責任，某種程度上，他相信自己必須去回應學姐的情感。在學姐期盼的目光下，賈寶玉不得不跟對方擁抱、接吻。

他們的進展越深，賈寶玉就越不安，他很痛苦。在文字無法承載的狀況下，賈寶玉會放棄傳簡訊，直接打電話給我，說到最後往往是以他小聲的哽咽作結，賈寶玉向來是個纖細敏感的小孩，他討厭假的事物，也不喜歡傷害人，跟學姐在一起，他第一次如此討厭自己，覺得自己是個騙子，對不起學姐，但他又需要一位「女朋友」好跟父母交差。

賈寶玉不是個習慣和他人分享心事的人，他找我傾訴，而我不過是他相處半年的家教老師，表示他找不到更好的人選了，其他人都太靠近他的真實生活，我的距離夠遠，只能聽，什麼也不能做，這是賈寶玉最需要的，一個聆聽而不介入的角色。

半年多過去了，賈寶玉傳來一封訊息：「我跟學姐分手了。」

底下附贈一個笑臉。

賈寶玉做事很嚴謹，前後具有高度一致性。他選擇用簡訊的方式報告，而不是親自打電話，我可以看出他的意思，他不想要多加討論這件事情。我回傳一封簡訊：「恭喜。」

「學姐抱怨說：『你太奇怪了，不像是一般的男生』，主動跟我提了分手。我故意在我媽面前，裝作一副憂鬱、深陷情傷的樣貌。我媽姑且是信了。她大概有很長一段時間，不會再開口講女朋友的事情。這樣很好，我交過一任女友，我證明過了。此時此刻，我的內心一片平靜，我已經好久沒有這麼輕鬆了。老師，謝謝妳，這幾個月好痛苦，謝謝妳的陪伴。」

這是賈寶玉給我的最後一封簡訊。

我很清楚，他不會再跟我聯絡了。他想要完全放下跟學姐的事。

我倒是很常想起那張合照，想起畫面中那個笑得很甜的女生。

偶爾，我會幻想，會不會有一天，我在街頭與賈寶玉不期而遇呢？那時，他身邊可能牽著一個男生，也可能是一個女生，都好，在我的幻想中，賈寶玉很愛那個人。

第8個家

怪獸都聚在一起了。

「在我對班級重拾歸屬感時，母親又急著把我給毀了。」

Hear the monsters say

我恨我的父母。

幹嘛用那種眼神看我？不是在開玩笑，我很認真的。

這麼多年下來，我認清了一個道理：我父母是毀掉小孩子的天才，他們生出我，再用盡手段毀掉我。老師，我知道妳心底在想什麼，妳八成是在盤算：「又是一個住在豪宅裡，有錢人家小屁孩的無病呻吟」，至少妳的眼神是這樣說的。

事情才沒有這麼單純！

我花了這麼久的時間，去認清一件事，「我這個人」與「我的父母」只能擇一存在。別緊張，我這麼說並不表示我會衝去廚房拿刀砍我的父母，相反地，我很清楚，以社會的觀點而言，我父母的存在價值比我可觀許多，該被消滅的角色是我。但是，我不敢死……老師妳看過鬼嗎？雖然很害怕，但我想要親眼見證鬼的存在，想要有誰很堅定地告訴我，人死後，是以另一種形式持續存在。這樣一來，我或許能乾脆一點地結束自己的生命了。

好，我要認真說我的故事了，請給我很多的耐心，一旦妳的表情不是我所預期的，故事就終止了，妳別想再從我的口中得到半句話。不要覺得我是個怪人，我很久沒有跟人好好說話了，事實上，我快喪失「和現實生活的人」溝通的技巧了。今日，會想跟妳坦承這些，或許是基於對老師的一些些信賴，也可能是因為這些事一直累積，已經到了不跟誰說就會爆炸的地步。

老師，妳準備好了嗎？

*

在「那件事」發生之前，我很樂觀地相信，我是個再幸福不過的小孩。

自我有印象起，母親在我就讀的國小，至少擔任過導護媽媽、愛心媽媽以及故事媽媽等等，名稱我不太確定，反正就是上下學時段維持交通秩序，每個禮拜有一天會來教室給同學們說故事，或者學校舉辦活動時前來支援的角色。

最初，我很開心，可以在上學時間看見媽媽，帶給我宛如生活在家中的安全感。母親結束工作後，會很自然地造訪我的教室，找我說話。最讓大家羨慕的是，媽媽不會空手前來，她手上時常拎著幾包小餅乾，叮嚀我發送給同學。段考前後的日子，母親更大方地訂麥當勞請全班吃，同學們好喜歡媽媽，我也是。

我對媽媽的愛，在小六那年的運動會達到了顛峰。

那一年的運動會，對於我們全班有特殊的意義。上一屆運動會，全校跑最快的風紀股長在倒數衝刺時摔了重重的一跤，我們班從第一名掉到第四名。台上頒獎的時候，我們班在台下哭成一團，風紀股長更是不計形象地哭得滿臉鼻涕跟眼淚。

因此，六年級的運動會，我們承載著非贏不可的壓力。不僅賽前的訓練做得非常紮實，放學後自願留下來練習的人數也十分踴躍。班導說：我們一定要在今年大隊接力的項目奪冠，給國小生活畫下沒有遺憾的句點。聽到這句激勵之言，有不少人紅了眼眶，包括我在內。

運動會一早，學生家長的捐贈如洪水般地湧入班級。有一整箱的運動飲料、堆得像是小山的零嘴和餅乾，也有家長扛了兩鍋自己煮的綠豆湯和炒麵過來。

十一點多，頂著烈日，我們不負眾望，把其他班的選手甩在身後，得到了冠軍，頒獎時全班抱在一起，又哭成一團。我們一路歡呼地回到教室，一踏進門內，大家一個接著一個發出驚嘆聲，只見講台上擺滿了一袋袋的披薩、炸雞和薯條。分量很充裕，絕對不會有分配不足的問題，這點我很有把握，母親是個細心的人，她在做事之前，會把所有可能的後果都考慮在內。

同學們興奮地拆開紙盒，大口大口地吃了起來。

母親站在講台上，用她平常說故事的溫暖聲調說：「你們年紀雖小，卻這麼認真地參與運動會，阿姨看了很感動，要好好請大家吃一頓。大家辛苦了，你們真是好孩子！」

媽媽一席動人的言語，成功地收服了大家的心。

「漢偉，你有這樣的媽媽真好」，類似的聲音此起彼落。

我最好的朋友——王捲毛——往我的肩膀揍了一拳：「可惡，我也好想有這樣的媽媽噢！」

王捲毛的拳頭落在身上，不痛，一點也不痛！

我太開心了。我的媽媽是最好的媽媽。

可是，運動會過後一個月，情況逐漸超乎我的想像。六年級是小學的最後階段，據說小孩子的心性會在這一年產生很幽微的轉變，我很贊同這樣的說法，我就親身經歷了這樣的轉變。

班上開始有一些流言蜚語。

「蔡漢偉的媽媽好煩，她為什麼要一直跑來我們教室？」

「哼！真會用錢收買人心，若沒有他媽媽，誰要跟蔡漢偉當朋友……」

「班導也被收買了！妳有沒有發現，班導對蔡漢偉說話時特別溫柔？」

我很訝異，一個月前，我們還在同一間教室，一同吃著我媽買來的披薩。一邊咀嚼披薩炸雞，一邊口齒不清地吐出「阿姨真是太好了」的嘴巴，如今卻講出如此陰險的話語。

在十二歲的年紀，我被迫認識到：不要以為小孩子是欠缺惡意的生物。

在這社會上，有一派人主張：「小孩本性善良，會做錯事一定是受到外界不良因素的誘導。」抱持這種觀點的人，一定沒有認真品味過童年。小孩子是一種充滿惡意的生物，必須隨著年歲漸增，受到禮教的規訓之後，才會學習收斂，或者懂得包裝自己的惡意。

即使深刻厭惡著同學們的無恥，畢業旅行快到了，我不能讓自己落單。因此，我不得不檢討一下自己遭到排擠的原因。我用了幾堂下課時間來思考，這才很訝異，所有人的媽媽，無論是家庭主婦或者職業婦女，她們把小孩送來學校後，便不再干預，心甘情願地回家或工作去了。其他的導護媽媽在結束任務之後，多半會成群離開校園，唯獨我的媽媽會脫隊跑來我的教室。

當天，媽媽載我回家的路上，我故作老成地說：「媽媽可以不用再來我的班級了，我已經升上六年級了，要學會獨立，自己處理自己的事情。媽媽多把心思放在妹妹身上吧。」

聞言，媽媽露出了哀傷的神情。

我也很難過，覺得和媽媽之間生出了一道裂縫，不若從前親密了。

但是，和媽媽之間生出裂縫後，我和同學的關係反而越來越親密。下課十分鐘，王捲毛又會來找我討論最新的破關進度了，又有同學揪我一起去福利社買點心了。

在我對班級重拾歸屬感時，母親又急著把我給毀了。

如今想來，那只是一場很普通、很平凡的意外。我跟幾個同學在穿堂玩國小男生愛玩的遊戲：比力氣。比到後來，大夥扭成一團，一邊大笑一邊轉起圈圈，不知道是誰突然放了手，我被甩了出去，頭撞到穿堂的牆壁。上課鐘聲響起，眾人一哄而散，我踉蹌地爬起身，忍耐著暈眩，緩慢地走進教室，完成下午四節課程。

回到家之後，頭暈的狀況仍未好轉，我吃不下任何東西，只想睡覺。到了七、八點，我忍不住了，從床上爬起來，去客廳找媽媽，才說出「我好想吐」四個字沒多久，便彎下腰，嘩啦啦地吐出一地的黃綠色黏稠物，是營養午餐的涼麵和花椰菜。

「你是不是食物中毒了？」

「不是。」我搖搖頭。

「那麼到底發生了什麼事？」媽媽的臉上布滿了擔憂。

我沒有想太多，把下午發生的事情簡略地報告了一下。

聽我說完之後，媽媽的眼神變得很銳利。

我一恢復到可以坐直時，她把我帶到餐桌上，手邊放著紙筆，她很溫柔地在我耳邊說道：

「來，好好跟媽媽說，是誰跟你一起玩遊戲？幾點的事情，那時候導師在做什麼？」

如果我那時候，抬起頭來關心一下母親的表情就好了。

媽媽那時候的臉色，一定很叫人害怕。

可惜我頭太暈了，只想快點躺回床上休息，便毫不保留地把事情前後告訴了她。

隔天一早，先去醫院報到做檢查。做完檢查，媽媽把我帶去學校。

車子停在校門口的時候，我很吃驚，醫生說我必須靜養一陣子，我以為媽媽會幫我請假。

她牽著我的手，像颱風一樣颳進了教室。

那時正在上生物課，生物老師是個即將退休、留著一頭漂亮白髮的老先生，姓氏我已忘了。

媽媽只說了一句：「不好意思，先借一下麥克風」也不問生物老師的意願，便把麥克風從對方手上接了過來，她的手中握著一張黃色紙條，母親清晰地念出和我玩耍的同學姓名。

我從背脊涼了起來，這才意會到，前一天我說話時，媽媽忙碌的右手究竟在記錄些什麼。

說來有些悲哀，由於母親勤跑我的教室，對我的班上同學瞭若指掌，她知道每個名字和對應的長相，有些人呆坐在椅子上，不敢抬頭，失去耐心的母親衝去他們的位置，把他們一個一個揪了出來，說：「你們全部給我出去，我們到外面談。」

為了不干擾其他學生上課，所有人集合在離教室不遠的司令台上。

有些人埋怨地看著我，有些人一臉驚惶失措，瞪著眼，嘴巴微張。

我很不想站在我媽旁邊，我怕別人誤會我們是同一國的。

班導正在走廊盡頭的教室上課，一接到消息，便放下正在進行的課程，邁開步伐跑了過來。

當她看見一團嚇壞的學生，和被母親架在身後的我，她的五官扭曲成一種很奇異的模樣。

母親明確地下了指令，要班導聯絡那些同學的家長。

「這些人的父母必須到校，釐清事情始末，談論後續的賠償事宜。」

班導愣了一下，母親不耐煩地催促：「老師，妳還站在這裡做什麼？」班導看著母親以及母親背後的我一眼，又回頭去看其他學生，像是下定了什麼決心似的，她走進了教師休息室。

一小時內，所有人的家長陸陸續續地抵達了。與其說是家長，不如說是母親更貼切，裡頭沒有一位父親。那群母親看著冷汗直流的小孩，以及表情凝重的班導，不禁也變了臉色。她們焦急地問道：「我的小孩怎麼了？」「為什麼他得在這裡罰站？」

接下來的幾分鐘，母親一個人把那七、八位母親狠狠地羞辱了一頓。

「你們這些家長，平常根本沒有盡到為人父母的教育責任。和同學玩鬧時必須控制力道，否則很可能會害別人受傷，這不是很基礎的教養嗎？你們卻疏於管教，導致昨天發生了這麼嚴重的意外。今天一早，我帶我兒子去醫院做了檢查，醫生說有輕微腦震盪，必須追蹤觀察三天至一個禮拜。這幾天的醫藥費、看診費以及我和我兒子的精神創傷，你們全體必須賠償！」

所有母親中，就數李亦傑的母親表情最難看。李亦傑家裡是低收入戶，班導允許他可以打包每天的營養午餐。運動會剩餘的食物跟飲料，也是由他帶回家。

「你們這些失職的父母，教養出一堆出手不知輕重的小孩，最後受害的反倒是我的兒子。

我在乎的不是錢，而是你們那種無關緊要的態度。」

母親看向瑟縮在一旁的班導：「妳也有錯，不，認真說起來，錯的最嚴重的人是妳。學生們年紀輕，玩耍不知道力道，讓同學受傷了，情有可原。妳為人師表，學生遊戲時沒有盡到看管的義務也就算了，等到學生實際受傷了，還糊塗得不知道提醒家長。做老師的，妳不難為情嗎？要不是漢偉在家裡吐了，我可能還被蒙在鼓裡，毫不知情！」

平常總是充滿朝氣的班導，像個孩子一樣，侷促不安，扭著雙手，靜靜挨罵。

「我把我的小孩子送來學校，是為了接受教育，我兒子回到家卻吐得不成人形，剛剛醫生說我兒子可能有腦震盪，妳叫我怎麼辦？我兒子是全校前幾名，他的腦袋若出了什麼毛病，妳拿什麼來賠我？妳去哪裡給我找一個健康無虞的小孩？」

班導的頭一低再低，肩膀抖了起來，很明顯地，她在哭。幾名學生見到老師哭了，也先後跟進，撲簌簌地掉下眼淚。哭的人多了，哭聲便大了起來。

一位家長再也按捺不住，跳出來說道：「漢偉媽媽，妳的兒子撞到頭，大家都很遺憾，我們也有賠償的誠意，沒有要逃避的意思。只是我希望妳可以稍微控管一下妳的情緒，讓我們理性地討論這件事情。妳怪我們，我們沒有話說，的確我們做家長的在管教上有了鬆懈。但妳把矛頭指向老師，未免有些逼人太甚。全班有將近四十個學生，當時又是下課時間，妳要導師一個人去監督全班四十人的動態，豈不是強人所難嗎？」

說話的人，是陳力成的母親。

母親冷笑一聲，以不友善的眼光上下打量著陳力成的母親：「今天撞到頭的人要是妳兒子，我不信妳還能站在這裡說風涼話。妳是陳力成的媽媽吧？在糾正我之前，妳要不要先好好看一下妳自己的兒子？我沒記錯的話，妳兒子的課業成績好像是倒數的，據說還有些過動的傾向。知道自己的小孩有過動，不把小孩送去特教班，堅持要留在普通班接受正常教育，這種想法非常自私，說不定……是妳兒子把我兒子摔到牆壁上的，妳要負擔大部分的賠償責任嗎？」

陳立成的媽媽閉上了嘴巴，不敢再講一個字。其他家長見狀，也跟著噤若寒蟬。

母親的嘴角露出勝利的笑容。

我發誓，我沒有說謊，在那時候，我母親的確露出勝利的笑容。

母親神氣地把我帶離了司令台，我們走到車子旁，母親微微屈低了膝蓋，視線與我對齊。

我之後長到了一百七十八公分，但小六的我是個不到一百五十公分的矮子。

媽媽笑吟吟地對我說：「不要害怕，無論你長到多大，媽媽會保護你的。」

聽到這句話，宛如在冬天被扔進游泳池中，全身冰涼。

自那天起，我在學校的日子變得更難過了。我穿過人群時，可以聽見那些細碎的字句：「欸，他就是那個……」「對，聽說他媽媽很……」「所以是他讓班導……」

待距離拉近，人潮隨即就地解散，其中有些人會回首看我一眼，掩嘴嘻嘻笑了起來。看似未完成的語句，其實已經很完整了。我說過了，小孩子很擅長毫不修飾地傳達惡意。

我期待已久的畢業旅行泡湯了，沒人願意跟我一組、睡同一間房。為了不給班導增添困擾，我在調查欄上勾選了「不參加」，班導沒有多問，冷冷地收過我的單子。

我跟母親說，畢業旅行太浪費時間了，寧願待在家裡讀書，母親不疑有他，爽快地答應了。

我以優異的成績自國小畢業，我上台領獎時可以清晰地辨識到，來自我的班級的方向，射過來大量充滿咒罵的視線。我給自己打氣：不要在意，升上國中後，我就可以甩掉這段過去了。

以上是母親第一次毀掉我的故事。

會這麼說，無非是有第二次以及第三次。

老師，妳知道小孩子最怕什麼嗎？

小孩子最恐懼的事情，很好懂的，那就是：跟別人不一樣啊。

*

以下是我進入國中生活的部分。

在我念幼稚園時，舉家從台北搬回台中。父母之所以挑中了目前我們所居住的地址，有很大一部分的原因是為了學區。我家方圓五公里內，有一所升學率很好的明星國中，和一所聲譽不錯的高中。小學畢業後，依照編制，我進入那所明星國中就讀。

註冊日，我看見陳力成跟李亦傑以及他們的母親。陳力成的視線與我的在空中交會，我趕快別過了頭，祈禱他不要發現到我的存在。

母親心情很好，這所國中的設備很新穎，師資又整齊，她滿意地帶著我逛校園，左右張望。

母親沒有注意到我發白的臉與顫抖的肩，我的雙手逐漸濕潤，流滿了手汗。

太天真了，我竟以為可以和那段過去道別，我忘了，當我的父母打著學區的如意算盤時，其他人的父母也在想著同樣的事。「畢業就能解脫了」，這是多麼不切實際的想法啊。

從母親手上，我接過全新的制服，眼前是一片無止境的黑暗。

我對於人性的認知沒有出錯。

我在國小的「事蹟」，很快傳遍了新的國中。在他們眼裡，我像是街上的垃圾。老師，妳可以分辨屎與垃圾這兩者之間的差別嗎？分辨不出來吧？妳看起來就是那種一路都很順遂的資優生。那麼，讓我這個人生被搞得亂七八糟的劣等生來回答妳吧。答案很簡單，妳看到屎會皺眉、會很厭惡吧？但垃圾比較特別，垃圾在上一秒鐘可能是有利用價值的，例如不久前握在手裡的鋁箔包，喝光裡頭的汽水，它就成了垃圾。

這是我在國中的待遇。

我的成績不錯，經濟上，父母給了我不少零用錢，同學們有求於我時，會勉強表現出友好的姿態，像是握著還剩一口汽水的鋁箔包，或者要我幫忙作弊，或者借錢給他們，一旦他們從我手上取走了殘餘的價值，頭頂上立即出現清晰的讀秒：「好想快點找到垃圾桶，把這垃圾丟出去啊！」更多時候，他們看到我，會遠著一段距離。

「好想死」的念頭，差不多是在那個時期養成的。

我沒有跟父母陳述我在學校受到怎樣的對待，「腦震盪事件」後，我不再信賴我母親了。

國二下學期，一個女生的出現，為我慘淡的生活捎來了清新的氣息。

她太完美了，我在心底喊她女神。

女神是轉學生，來自單親家庭，父母離婚後，女神跟著母親搬到台中來。

女神也是遭到放逐的標的，她身上時常散發出麵包酸掉的異味，衣服老是穿著同一套，鞋子襪子更是髒得不該出現在青春期少女的腳上。

我們皆是班上的邊緣人，被班上劃分到同一個族群裡。說是「族群」，其實成員只有我們兩個。沒有選擇的我們，和對方成了朋友，我感到很踏實，再也不用擔心分組時，像是被揀剩的水果那樣，必須忍耐他人的指點與挑剔。

女神跟母親以及母親的男友住在一起。女神告訴我，叔叔看她的眼神令她很不舒服，害她不敢在家裡洗澡，只好趁放學時使用殘障廁所的冷水擦一下身體；至於泛黃的衣服鞋襪，是因為她只有一套制服，母親沒有外出工作，家中經濟只能仰賴叔叔打零工的錢。

除去身上的異味，女神長得很清秀，我有時看著她，心裡會有奇妙的感覺。

女神說，這世界上沒有人需要她。

我急忙糾正她，至少我個人非常需要她。我沒有說謊。

我交給女神幾千塊，也從家裡倒了一小瓶專櫃品牌的沐浴乳給她。我叫女神多買一些衣服鞋襪，換下來的就交給學校附近的洗衣店處理。

父親一個禮拜只給我一千元的零用錢，為了拯救女神，我從爸爸的書房拿了好幾張千元大鈔，我爸是做生意的，他辦公的抽屜裡放著好幾疊千元大鈔，抽走幾張不算什麼。

回到家之後，我把自己鎖在房間裡，打電話給女神。我們一聊就是三、四個小時，女神時常被我逗得哈哈大笑。不能聯絡的時候，就改傳簡訊。我不是個擅長寫作的人，不知怎地，每次寫給女神的簡訊，往往甜蜜得連我自己也感動不已。

我的排名一落千丈，我不以為意，女神是我新的生存意義，我需要她，她是世界上最需要我的人，我不能沒有她。

聖誕節那天，我向她告白，女神點頭了。

那一秒，我覺得我好幸福，我可以抛下所有的不愉快，只為了她而活。

我們之間的肉體接觸也以驚人的速度在推進，交往兩個月後，女神主動把我的手塞進她的制服裡，隔了幾天，在我的哀求之下，女神允許我隔著胸罩揉捏她的乳房。

寒假時，女神回外婆家住，不好講電話。我很想她。餐桌上，我吃著母親煮的咖哩，順手傳了一封簡訊：「好想妳，好想摸摸妳的臉跟妳的胸部……」

不到一分鐘，女神回傳了：「你那麼想我啊？」

「當然，想死妳了。」我一邊叉起盤子裡的牛肉塞進嘴裡，一邊敲打手機鍵盤。

「只要你這陣子乖一點，開學的時候，我可以考慮一下要不要幫你含一下棒棒。」

看到這封簡訊，我的耳根子脹紅，無法控制地勃起了。

母親走過來，問我要不要再一些湯，我搖搖頭，換了個坐姿，遮住我的褲襠。

「你在看什麼？怎麼笑得這麼開心？」母親問。

「沒什麼。」

千萬不能讓媽媽知道女神的存在，媽媽會再次毀掉我的幸福的。

哎——我的想法還是太天真了。

*

洗澡時，我習慣把手機放在浴室外的置物櫃。

那天，我濕漉漉的從浴室裡走出來，找不到自己的手機，便小跑步回房間。父母已經站在房間裡等我了，父親雙手扠腰，母親則是滿臉陰鬱地立在父親的身側。

「你必須跟這個女生斷絕來往，不然我給你轉學。」父親說。

「不可能，她是我的女朋友。」

「這麼骯髒的女生，你被騙了，我問過老師了，這個女生是單親家庭，媽媽離婚沒幾個月又交了一個男朋友，這種背景的女生，思想一定不乾淨。你們不能在一起。」母親說。

「為了你好，這幾天手機先放在我這，等你想清楚了，再來找我拿。」狡猾的父親避掉了「沒收」這種字眼，裝出很大方的姿態。

走出房門時，母親轉過頭來，似乎想起了什麼，以一種很哀戚的聲調說著：「不要怨我們，做出這個決定，我們當父母的可是比你還要心痛啊，你不會懂我們有多擔心你。」

這種言論實在是裹著糖衣的暴力啊。

*

老師，不妨快轉到下一幕吧，反正妳老早就從我父母那邊得知了，我國中念了兩所學校。嗯，我父母給我轉學了。他們認為這是個一勞永逸的好方法，只要我和女神多一天保持接觸，他們也多一天不能心安。另外一個關鍵是，我快升上國三了，他們向來很在意我的成績。

我的父母不顧我的意願，給我辦了轉學。

如今回憶起來，仍讓我痛苦得想死。

那天，六點四十五分，我穿好制服、襪子，書包也收拾好了，坐在自己的床上，指針走向六點五十分時，我起身，下樓梯。一進到客廳，我的心中立即浮現不祥的預感，平常日子的六點五十分，客廳只會有父親一個人，母親先載兩個妹妹去學校了。那天的客廳，卻有父親與母親兩個人，他們坐在沙發上，一見到我，臉上同時露出一種複雜的神色。

「爸，我們走吧。」我故作鎮定地說道。

「從今天起，你不用去H校上課了。」父親說。

「我們幫你轉學了，從今天起，你是Y校的學生了。」母親說。

我活像是誤入他人攝影棚的演員，對於場景的排列、陌生的情節感到手足無措。好長一段時間，我只能看著他們，口乾舌燥，嘴巴開闔了好幾次，吐不出半個字。

我的理智重新接上線後，說的第一句話是：「我要回H校上課。」

「你的學籍已經換到Y校了，縱然你進去H校，也會在警衛室被擋下來的。」母親說。

「你不再是H校的學生了。」父親說。

「在新的學校，忘掉那個女生，好好展開人生的新頁吧。」他們一起說。

我看著他們，他們的形象逐漸歪曲成兩隻怪獸。

我轉身，奔回自己的房間，美工刀安靜地躺在抽屜裡，散發淡淡的銀光。我拿起美工刀，劃破窗簾、枕頭、床單，但凡落入視線的布料，無一幸免，全被我割成條狀，美工刀最終落在自己的手腕上，我輕輕施力，血珠吐了出來，痛！痛死我了！我縮回了手，美工刀掉在地上。

對於自己「原來很怕死」，我感到極度的羞恥。

無法以割腕來明志的我，在大哭之後，只能懦弱地歹活下去了……

翌日，我站在Y校的校門前，流下眼淚。

父親拍拍我的肩膀：「你很乖，做得很好，在大考前更換新環境是一件很痛苦的事，你可以走過來的。記住，家人是永遠不會背叛你的，家人是永遠和你站在同一邊的人。」

我淚眼模糊地看著父親，在我眼中，他變得有點不像人類。

去Y校後，我與女神徹底失聯了。

母親更換了我的手機號碼，我打給女神，想告訴她我新的手機號碼。我打了一百次、一千次，話筒那端的回應始終只有：你的電話將轉接到語音信箱。

我的父母不知道跟女神說了什麼，女神不再接我的電話了。

我成了Y校的紅人。

我拒絕任何一場考試。考卷一發下來，我立刻趴桌睡覺。國三的考試很多，考期越近，我睡覺的堂數一節節高升。導師氣得發抖，在全班面前羞辱我，要我罰站、跑操場、交互蹲跳，甚至拿藤條抽打我的手心。我像是個沒有感覺的人，不發一語，面無表情地接受老師的處置。

老師對我消極的態度很是感冒，他對我的體罰日益離譜。有一天，他很得意地站上講台，宣布最新的懲罰：「蔡漢偉沒救了，從今天起，我不管他了。你們也是，俗話說近朱者赤、近墨者黑，各位同學，最好跟這種人保持距離啊！」

起初，聽到老師的處置，我的心臟縮成一球。但幾秒鐘後，我已適應得很好。別害怕，我安慰自己，類似的事件，早在國小跟H校就已體驗過了，我這次也能駕輕就熟的。

導師不管我，我在Y校的日子過得很愜意，不是在睡覺就是在看漫畫。

好幾次，母親紅著眼睛問我：「你這孩子到底怎麼了？要怎麼做你才會重回正軌？」

「讓我跟她說到話，一句話也好，拜託妳……」這是我唯一的請求。

母親突然收起了淚水，口吻變得很差勁：「你想都別想！」

「只要讓我和她說到話，我就會念書了。」

我跟母親類似的對話，循環了好幾次。有一天，母親沒有回嘴，只是交給我一張紙條。是女神的字跡，上頭寫著：「我交新男友了，對不起，你轉學之後我好孤單，很需要別人的陪伴。我對你很愧疚，不好意思見面說話，忘了我吧，這樣對我們都好。」

握著紙條，我低下頭，哭了起來。我沒有像父母所期待的重新振作起來，相反地，我過著更自暴自棄的生活。考基測時，我掰了一下答案隨後趴桌睡覺，五科都是這樣。自收到紙條的那天起，對於自己的人生，我一點也不在乎它的走向了。隨便你，都可以，成了我的口頭禪。

放榜的早晨，母親用電腦查詢，過了幾分鐘，她關上螢幕，沒有再說話。

我考上一所不怎麼樣的高中。

有一點倒是不吐不快，H校的畢業旅行辦在國三上，Y校的則是國二下。

延續國小的詛咒，我沒有參與到畢業旅行。

老師，妳可能覺得我是個很傻的人，只是一段感情，幹嘛把自己搞成這樣落魄？容我實話實說吧，妳這樣理解是錯的，女神之於我，不僅是情感的伴侶，我愛她，有更大一部分的原因是，她願意接納最醜陋的我。一般人在談戀愛時，無一不是絞盡腦汁想表現出自己最美好的一面，我跟女神的相遇全然不是這樣一回事。我是班上避之唯恐不及的垃圾人物，女神身上瀰漫令人介意的味道。我們能夠在那樣的前提下牽起對方的手，沒有誰的感情比我的更真實了。

*

好，我們休息一下。先謝謝老師妳這麼有耐心地聽到現在，以下的橋段，妳應該比較能上手了，因為，妳也出場了。升上高中之後，為了搶救我爛到谷底的課業，我的父母前後聘了兩位家教老師：妳跟顏老師。妳和顏老師有個共同特質：說話有趣，讓人忍不住想親近你們。在此，我得坦承，我很感謝你們兩位的參與，跟我的母親不同，你們很願意花時間聽我長篇大論。我原先很抗拒家教，幾個月下來，我反倒很期待你們每週兩次的到來。

顏老師說，我現在讀的這所高中，跟我從前的生活圈有段距離，沒人知道我的過去。只要把成績拉上來，又能恢復國小風雲人物的日子。我聽了很心動，待在谷底久了，顏老師有看出來，我很懷念小學六年級之前的時光。

在妳與顏老師的協力下，半年內，我的校排名戲劇性地從一百八十幾跳到了前二十名，我的物理段考拿下兩次全校最高分，老師跟我說話的態度變得很友善，下課時段，來找我的人一天比一天多。許多同學拜託我教他們物理，我好得意。

上學之於我，又成了一件可以期待的事情。

總是這樣，在我追求幸福的過程，我的父母也躲在我的背後虎視眈眈、覬覦我所擁有的一切。於是，在我又能掛上微笑的瞬間，他們也展開行動了。

我高一英文被當了，那是老師妳負責的科目。

我告訴母親，三次段考，我都有及格哦。但我沒有說明的是，老師指定的小考、隨堂測驗以及作業，我全數沒有繳交。為什麼？因為懶吧。妳不能要求一個甫從深淵爬回來的小孩，立即準確且精實地重建自己的人生啊！不要生氣，妳也清楚我說的是實話吧。

老師，對不起，妳被母親給狠狠責備了一頓。這不是妳的錯，是我，是我漏想了這個環節，請了家教，就表示從此有人得為了我的學科成績負責。

「老師，我們花這麼多錢請妳，就是要妳看住他啊！怎麼會出這種紕漏呢？」

「妳居然忘記問他在學校的狀況，真是太大意了！」

「果然是年輕的老師，歷練不足，顏老師當了專職家教十幾年，可不會犯這樣的錯。」

聽著母親對妳的責備，我良心有些過意不去。明明是我的錯，母親卻不罵我，反而跑去怪罪一個星期頂多出現六小時的家教老師，這就是所謂的代罪羔羊吧。

「我們必須去學校一趟。」兩隻怪獸交頭接耳，下了指導棋。

老師，我看著妳，心中升起憐憫，他們不會放過妳的。

「老師妳也跟著來吧，這孩子英文的學習狀況，妳最熟悉了。」母親換上親切的笑臉。

果然——我說的沒錯吧。

老師，很可惜妳看不見自己的反應，真是令人印象深刻。臉上雖寫著：「誰要去啊？」「憑什麼我要去學校和老師對話？」「該怎麼拒絕才不會丟了這份工作？」但從唇齒間蹦出來的話語卻是：「好的，那我跟你們一起去學校吧。」

大人好虛偽，有人說小孩長大後會變成大人，我不能接受這樣的說辭。

我可不會放任自己成為像你們一樣的生物。

＊

英文課任老師姓葛。我們抵達教師休息室時，葛老師顯然已得到通知，她坐在沙發上，一臉嚴峻地看著我們，細軟的頭髮梳得很整齊，很符合她自律甚嚴的作風。

「老師，我需要一個交代，我兒子三次段考都有及格，我承認他平日是懶散了一點，但妳為什麼不能通融一下，給個六十分也好，非得當掉這個孩子呢？」

葛老師沒有立即回應，她站起身，從身後的櫃子取出一本很厚的藍色資料夾，她在註有「平常成績」的夾層裡取出了一張紙：「這是全班的平常成績，八次小考，十次作業。」

她纖長的手指落在一行醒目的空白：「這是蔡漢偉的日常成績，看到了嗎？是空白的。妳的兒子，一次考試也沒參與，一次作業也沒交。妳可以看一下其他同學的得分，只要有考試、按時繳交作業的，我的給分是很寬容的。」

我偷覷了一眼，大家都是八十分起跳，最低的也有七十五分。

不苟言笑的葛老師，在平常成績的項目給分這麼甜，我對她有些改觀了。

母親把那張紙接過來，專注地檢視，眉頭越鎖越緊。

葛老師的聲音不卑不亢：「我不是要故意為難妳的兒子，相反地，我是在幫他們，高中英文不好拿分，只以段考成績計分很容易打擊到小孩的自信，我盡量從平常分數來提升他們的總成績。可是，漢偉媽媽，蔡漢偉一次作業也沒有交，他自己不珍惜，我怎麼幫？」

母親轉過頭來，肩膀一帶的骨頭發出咔拉的聲響。

「為什麼不交英文作業？」

這下子，教師休息室內所有人的視線都聚集在我身上了。其他老師佯裝忙於手上的事務，眼角餘光偷偷關注著沙發這裡的動向。我成了主角……這樣說似乎怪怪的，畢竟我從事件起始就是主角了，好吧，修正一下我的說法，此刻，鎂光燈終於打在我這位主角身上。

糟糕，我有點興奮，這樣不對吧？

清一清喉嚨，我刻意以一種很吊兒郎當的口吻訴說：「我也不知道，我就是不想寫。」

我的回答得到絕佳的效果，母親的臉歪向一邊，嘴唇不停地顫抖。下一秒，她哭了出來。當著所有老師的面，她把臉放進掌心，認真地哭了起來。見狀，我的臉也歪了，天啊，她是嫌戲劇張力不足嗎？居然就這樣哭了欸。

「葛老師，妳也看到了，我的兒子這麼有主見！他一句『我就是不想』，我們做父母的，難道能逼著他去考試，架著他去寫作業嗎？」母親把握鏡頭，繼續發揮她驚人的表演天分：「是我們夫妻沒有用，管不動自家小孩。可不可以請妳再給他一次機會，才差兩分而已，只要妳幫他加上兩分，他兩個學期的平均就過六十了，老師，我求妳了……」

葛老師臉色鐵青，母親這一招奇襲乍看之下奏效了。

我回過神來，津津有味地打量著眼前瞬息萬變的局面。

老師，那個時候，妳一定打從心底憎惡我那置身事外的態度吧。看起來很欠揍是嗎？只是，妳不妨想一下，乍看之下，這是我的人生，但實際上操盤是那對合作無間的怪獸。

日子久了，我還會對自己的人生感興趣嗎？

廢話就不多說了。

葛老師不愧是教書近二十年的王牌老師，她沒有被母親騙上舞台，隨母親一同起舞，相反地，她很快鎮定下來，把掌心覆蓋在母親的手上，很慢、很沉地說：「成績已經送出去了，如今我也沒有更動的權力。漢偉媽媽，我可以理解妳此時此刻的心情。但是漢偉已經十七歲了，眼看著就要滿十八歲，他快成年了。在法律上，十八歲已經要負擔完全的刑事責任了。作為父母的，是否該放手讓孩子成長了呢？」

我幾乎要為葛老師喝采了，跟小六一下子被打爆的菜鳥導師不同，面對我媽凌厲的攻勢，葛老師不但成功抵禦，還做出了漂亮的反擊。

情勢逆轉，視線又落到我媽的手上了。她沒有說話，只是直直地瞪著葛老師。

葛老師要贏了嗎？老師，若妳曾經閃過這樣的念頭，哪怕是一秒，也是很不應該的。

可以毀掉自己小孩的怪獸，怎麼可能會輸呢？

「葛老師，我知道妳未婚，也沒小孩。我很期待，等妳有了小孩，妳會是怎麼教育他的？

妳自認妳會教出一個成功的小孩嗎？我非常想知道，今天，倘若是妳的小孩站在這裡，妳也會像現在這樣，堅持毀掉一個年輕人的未來和人生嗎？」

我不用看，也能想像，在場所有人，包括抬著耳朵偷聽的那些老師，全都臉色大變了。

葛老師抽開自己的手，身子往後退，眼眶迅速地脹紅。她的嘴巴開了又闔，像是魚在吐泡。我給她教了一年，沒見過她這麼狼狽的德性。

等候多時的父親發聲了：「我們走吧，跟這種人說話沒有用。」

父親站起身，居高臨下地看了葛老師一眼，沒有說再見，大步地邁出教師休息室。

老師，我能原諒妳當時驚愕的呆樣，我跟妳說了好幾百次，我的父母在跟妳打交道時，總表現出一副他們很愛我的模樣，以及他們是多麼敦厚純樸的父母，那是假的，是表面。妳起初不肯相信，還質疑我不知感恩。俗話說，百聞不如一見，這次把老師牽扯進來很不好意思，但讓妳親眼見識一下這對夫妻的真面目，我想是很值得的經驗。

葛老師是很受學生愛戴的老師，她很嚴格，但她的嚴格有經過思考，學生可以感受到她背後的用心良苦。大家喜歡抱怨她，然而那些抱怨不失撒嬌的味道。

葛老師和母親的精彩對決幾日內傳遍了校園，這根本是腦震盪事件的翻版，我又被孤立了，前一天還在同我說笑的同學，看著我的眼光充滿了忌憚與猜疑。不同的是，大家好歹是高中生了，排擠的技巧昇華了，他們不會當面表露對我的鄙夷，但我聽到一些風聲，班上的靈魂人物在臉書上創了一個社團，叫作「媽寶蔡漢偉」，我賄賂其中一個社員，叫他把頁面開給我看，瀏覽了幾分鐘後我關上了，看太久有害身心健康。

縱使我有滿腹的牢騷，還是快轉一下吧，否則這故事的重疊程度未免太高了。

「媽寶蔡漢偉」社團建立約莫一個月，我認清這個班已無我的容身之處，得另尋出路了。我開始和校內，一般人口中的「不良少年」走得很近，老師這輩子沒認識幾個吧，全部科目加起來不到一百分，不僅被家長放棄、也被學校放棄的那種人。

不出幾個星期，我在新的團體建立起自己的地位。我拿什麼來說服他們呢？想也知道，是錢。或許是身為長子的緣故，我的父母對我一向很慷慨。我出借昂貴的遊戲設備、正版球衣、球鞋，必要時直接借錢給他們，他們簇擁著我，而我，則像是君王般，隨性指出今日施捨的對象。我的開銷越來越大，拜訪父親的書桌次數也越來越頻繁，必要時，我也光臨過媽媽的皮包，噓——請保密，老師不想害我們難做人吧？

團體中有個女生很黏我，她的神韻跟女神有些近似，看著她，會喚起我許多甜蜜和痛苦的回憶。我的課本不是有一次掉出保險套嗎？對，就是跟這個女生，而且是她主動的。禮拜五最後兩堂社團課，我們會很有默契地想個藉口，溜到高職部頂樓的殘障廁所，在那裡盡情地做愛。段考前的週末，我們偶爾欺騙自己的父母，說要去圖書館念書，其實是跑去開房間。

沒有一間旅館提出檢查證件的要求，這點我的朋友老早告知了，但是第一次毫無障礙、輕而易舉地坐在旅館的床上，令我有些悵然若失，少掉違法的刺激感，開房間這件事也不太酷了。

老師，妳的表情好好笑，有那麼不可思議嗎？也對，老師大我七、八歲，一路念的又是第一志願，在那種乾淨的環境長大，腦袋容不下半點骯髒吧。

現在女方的父母要告我妨害性自主，除非我們賠錢和解。真是莫名其妙，發生性關係是在對方的邀約之下，從做愛得到歡娛的，也不是只有我一人。哎，只因為我是男生，才讓對方的家長有了可趁之機吧。

老師，妳差不多要被辭退了。我的父母要放棄我了。

我媽說，她累了，也受夠我了。

說這些話時，她突然拿自己的頭去撞牆欸。我嚇歪了。搞什麼啊，我才是真正活膩的那個人好嗎？她憑什麼搶先一步，說她累了。

據稱他們這次要把我送去國外，進行更進一步的改造。

老師，再見了，很遺憾我們是以這種形式道別。

【母親說】

老師，我不知道我的兒子跟妳講了什麼。請妳聽聽就好，不要放在心上，我的兒子很聰明，也很擅長說謊，他說的內容，有很大一部分是出自他個人的誤解與妄想，他總是無所不用其極地把我給妖魔化。我想跟妳澄清一下，我不是漢偉所描述的那麼可惡的父母。

事情演變到這種局面，我一直想不透，到底在哪一刻，我失去了這個大兒子。

聽完我的解釋之後，方便給我一些頭緒嗎？

我跟丈夫均出身農家，體會過窮苦的日子。我是長女，很早就犧牲了學業，進入城市賺錢供養底下的弟妹。先生是長子，他比我幸運一些，整個家庭把所有的資源都集中在他身上，資助他完成大學教育。我與先生在公司認識，他是主管，我是個小職員，在他的鼓勵下，我拾起荒廢已久的學業。拿到高中畢業證書當晚，他向我求婚，我沒有第二句話，點頭答應。

我所接受的教育是長這樣子的：把生命中的所有事件都視為義務，不討論權利，賺錢養家是義務，時間到了踏入婚姻是義務，生小孩是義務，照顧父母直至他們老死是義務，為孩子犧牲奉獻是義務，孩子長大了反哺老邁的雙親，自然也是一種義務。

坦白說，我不曾懷疑過這些義務存在的本質，以及為什麼自己要受到這些教條的規訓，我接受了，並且在接受的過程中尋找某種程度的安全感，也可以稱為信任。我信任自己，信任丈夫，也信任社會上其他陌生人會毫不猶豫、毫無懷疑地遵守著這些義務。

如此一來，這世界將會依循著穩定的秩序運轉。這一代的人養育下一代，下一代的人養育下下一代……至今看來，我的想法好像太夢幻了。

在我那個年代，夫妻不太可能把情愛掛在嘴邊，比較貼切的字眼是「道義」與「責任」。

夫妻關係類似夥伴，妳也可以說是合夥人，以經營公司的思維去經營自己的家庭。公司內部要有組織，組織上要有對應的人。至於外界怎麼看待這間公司的發展與前景？不外乎是家庭最重要的資產——小孩。

請不要質疑這句話，我跟我的丈夫在商場上打滾了這麼多年，經驗告訴我，再怎麼成功的企業，到了晚年，也不得不正視接棒的難題。婚後，在公婆的贊助下，先生創了一間物流公司，我則在五年間生了三個小孩。為了提供小孩經濟無虞的生活，先生不眠不休地工作，我負責打理家中諸事，包括三個小孩的教育。等小孩大一點，我請了一個保母，好讓自己撥冗去打理先生公司的財務。我跟丈夫於公於私，都是不可或缺的夥伴。

漢偉讀幼稚園時，我跟丈夫思考起搬家。原有的居住環境太小了，不足應付孩子們將來長大的空間需求。那時，先生的生意上了軌道，我們手上握有不少現金。

一間看過一間，始終沒有讓我們點頭的物件，在我們猶豫是否暫緩搬家時，房仲交給我們一戶花園別墅的資料：「這一間位處文教區，地理位置幽靜，方圓五公里內沒有半間網咖或聲色場所，學區是明星國中，順利的話可以考進社區高中，很適合你們這種重視孩子成長的夫妻。」

明知是話術，我內心深處卻有什麼被觸動了。難以形容，非常神奇的感受，我變透明了，小孩的存在穿過了我。我轉過頭，用眼神跟丈夫示意：很可能就是這戶了！

老師，這裡很漂亮不是嗎，從二樓的落地窗看出去，左鄰右舍的植栽真是美不勝收。那位房仲沒有誇大，這裡確實位處幽靜，鬧中取靜，也因為一戶買下來並不便宜，鄰近的住戶也有一定的社經背景，對面住的是一對公務員退休夫婦，隔壁的男主人則是某外商銀行的高階主管，在這樣的生長環境下，我不用緊張小孩子會跟不三不四的人來往。

哎呀，不好意思扯遠了。

總之，我們買下了這裡，如妳所見，二樓是客廳和小型辦公室，我們跟小女兒住三樓，漢偉跟大女兒住在四樓。五樓在我們原本的規劃是作為先生練習書法的場所，這是他鮮為人知的嗜好。室內設計師來到家裡時，不知怎地，先生愣愣地說了一句：「改成孩子的書房吧。」

在那一刻，我感動得泛出淚花，我的丈夫跟我一樣，我們是舊世界出身的，為了小孩的福祉，願意犧牲奉獻出所有的一切……

這是你們新世界的人所不能了解，甚至嗤之以鼻的。老師，我沒有怪罪妳的意思，可是你們現代人的想法跟思維，是我無法領教的。

漢偉五、六歲時，我觀察到一個令人不安的現象：越來越多人不遵守社會上的規矩了。

我稱他們為新世界的人，以便和我們這種舊世界的人做出區別。

新世界的人，試圖以各種方式、從各種義務中遁逃出來。以結婚生子為例好了，他們其中有不少過了三十歲還不肯踏入婚姻，只因害怕婚姻所帶來的負荷，或是結婚後驚覺維持婚姻這麼麻煩，便很爽快地離了婚；也有那種結婚後嚷嚷著不想被小孩綁住的，叫什麼來著？頂客族對吧？總而言之，在我眼中，他們一個比一個還不如。

最令我傻眼的是，他們自己逃避身為社會一分子的義務就算了，別聲張，我還勉強可以諒解，偏偏他們作賊心虛，先聲奪人地展開宣傳：「結婚不能代表幸福，不婚也是一種選擇」、「離婚後的女性仍有追求真愛的權利」，其中也不乏「不要把重心放在家庭身上，女性要培養個人的生活與興趣」諸如此類的歪理。

搞什麼啊——這些人動嘴巴時，大腦是停止運轉了嗎？

男人出外打拚天下，女人把家庭打點得溫暖舒適，這不是很自然而然的分工嗎？若一味講究「自我」，為什麼不勇敢一點，宣布自己要當永遠的……之前不是有一個很流行的名詞？偶像劇也有使用的詞彙。敗犬？對，就是敗犬這個字。假設所有事第一個想到的都是自己，不如當一輩子的敗犬吧，這樣說很惡毒，不過我不會收回的。

幾年前，我在電視的談話性節目中，看到穿著短裙、露出整個膝蓋的女藝人，向觀眾表示「我很慶幸當年我有離婚的勇氣，現在我過得很幸福」，我的心都涼了，是誰放水讓這種言論出現在媒體上的？不怕教壞小孩嗎？我斷了第四台，同時警告漢偉和他兩個妹妹，沒有我的允許，誰都不可以靠近遙控器。這麼多年下來，我只給他們看英語教學節目及少數的新聞，我不給他們看卡通，最近的卡通很狡猾，時常偷渡一些色情和暴力的鏡頭。

漢偉去念小學後，為了得到漢偉的第一手資訊，我自告奮勇擔任導護媽媽、愛心媽媽和說故事媽媽，我希望幫助漢偉成為一個受歡迎的小孩，不時送孩子喜愛的飲食去班上。

作為母親，我自認比所有的母親都還要勤勉。

哎，這樣的防堵還是不夠。

這世界越來越髒了。想要養育出一個乾淨、無污染的孩子，實在是困難重重。新世界的人正以細菌般的速度在繁衍，很多和我們一樣出身舊世界的人，也拋棄了舊世界的道德，自甘墮落地投身新世界的懷抱。悲哀的是，我們這些擇善固執的前輩，不僅沒有受到尊重，相反地，還動輒被投以「老古板」、「不知變通」的譏嘲。

我很焦慮，這樣的社會還有未來可言嗎？

＊

漢偉彎下腰拚命嘔吐的那天，我的心都碎了。我那麼努力，不讓兒子受到一點損傷，同學們一個無心的舉動，班導缺席的五分鐘，漢偉就受到這麼大的傷害。我好害怕，世界的秩序鬆動得遠比我所料想的更加嚴重，我怎麼保護我的孩子也是徒勞，新世界的人以及他們率性管教下的後代，註定會給舊世界的人帶來困擾與傷害。

老師，妳可以試著體會我的心痛嗎？就像是妳精心呵護的稚嫩幼苗，卻因鄰人沒有整理他們的花木，颱風一來，隔壁的斷枝惡狠狠打在妳守候多年的幼苗上。

在我的堅持下，菜鳥導師笨拙地根據通訊錄撥著電話，第一時間，居然有三分之二的家長回應是：「不好意思，人還在公司，待會趕過去學校！」

我非常憤怒，身為母親，沒有把心思放在家庭，為了幾個錢外出工作，在她們為了公事操煩時，還有多餘的精神教育孩子正確的道德觀嗎？她們回家會烹煮出營養健康的膳食嗎？聯絡簿簽名之前有好好看過孩子寫下的每一細項嗎？

那些母親匆忙地抵達時，我怒目瞪視著她們，她們還一臉茫然的癡呆樣。

真是太可惡了！我越想越生氣。

她們可有思考過為人妻母的義務？眼前的社會鼓勵職業婦女，呼籲女性以經濟獨立換取人格的獨立，這種觀點實在叫我忍不住翻白眼。我說過了，義務、義務，每個人在社會上有其應盡的義務，男人的義務是在職場上拚命，給家庭帶來穩定、豐裕的收入，女人的義務是打造一個令所有成員都心悅誠服的家。人人站在自己該立足的位置上，像顆鎖緊的螺絲釘，社會這部機器會運轉得很良好。但我也說過了，新世界的人滿腦子只想著如何從義務中遁逃出來，只想著自己，往自由投奔的母親導致親子教育的真空，而這段真空的無辜受害者——是我可憐的兒子！

我將那些不稱職的母親罵得狗血淋頭，心中很是痛快。

結束後，我把一臉慘白的漢偉帶離現場，他看起來不太好，像是從什麼夢魘中醒來似的，我很同情他，頭部受到的撞擊太強了，他得休息一陣子。

老師——漢偉變了，變成一個我陌生的孩子。

我那成績優異、具有領袖特質的完美兒子不見了，事件後，住在我家的，是一個剛學會逃避責任的人。漢偉第一次開口說出不想去學校，我簡直不敢相信自己的耳朵，遇到挫折便逃避，豈不是新世界的人的標準作風？我一手栽培的好兒子，曾幾何時被帶壞了？

我沒有把他的異狀告訴丈夫，漢偉是我的職責，我若向丈夫抱怨，也許丈夫忍住不說，但放在心底想的卻是：「我把兒子交給妳，妳怎麼沒把小孩帶好呢？」

我沒有線索，問漢偉他也不說，只能猜是那些無恥的小孩展開了報復。真是一群無可救藥的傢伙，非但不自省，還想著孤立漢偉來減輕自己的罪惡感。我憐憫他們，乏人管教的小孩跟孤兒沒兩樣，他們的父母是新世界的人，新世界的人可不會記得要矯正孩子失序的行為。

那位菜鳥導師也很荒唐，這種群體的欺壓事件，有經驗一點的老師絕不會等閒視之，她以為在班會上溫情喊話，要大家相親相愛，能收到多少效果？

沒關係，漢偉快升上國中了，他即將遠離這不潔之地。

牽著漢偉辦理註冊的那一天，我的臉上堆滿笑容。果真是區內升學率最好的國中，校園內洋溢著活潑、清新的氣息，接待的老師也很客氣。我特地在穿堂的布告欄前停留了一會，留意上頭的成績風雲榜和校外競賽成果，我很滿意我所見到的。

「你喜歡新學校嗎？」我問漢偉。
他輕輕地點了一下頭。
我握起他的手，溫柔地看著他：「答應媽媽，要在新學校振作起來哦！」
不知道為什麼，漢偉的手又濕又涼，可能是太緊張了吧！
漢偉也很期待國中生活吧。我樂觀地想。

＊

升上國中後，漢偉的心情沒有明顯的起色，對於上學依舊提不起興致。我壓抑心中的焦急，耐心等候，等候漢偉跟小時候一樣，把心事告訴我。
遲鈍的丈夫也開口了：「我怎麼覺得兒子比以前還要陰鬱？」
我給漢偉的零用錢更多了，是我給兩個女兒的總和。心中對於這樣的差別待遇感到不安，但漢偉一拿到錢不但對我露出感激的微笑，還會撒嬌地喊幾聲媽媽，我又覺得這樣做沒有錯。
我只有漢偉一個兒子，他得好起來。
幾個月後，我收到一張電話帳單，逼近五位數的天價。我心中的警鈴大作，該死，又有細菌纏上門了。此為緊急狀態，我別無他法，硬著頭皮跟丈夫報告，幸好丈夫看出了事情的嚴重性，沒有責怪我的輕忽，反而熱心地跟我商討解決方案。我們最終決定採取最有效率的管道：直接趁兒子洗澡時取來他的手機，檢查他的對話記錄以及簡訊。

螢幕上，露骨的文字映入眼簾，我差點噁心得吐出來。

胸罩。乳頭。內褲。吸棒棒。

這次來污染漢偉的，是更頑強的細菌。別說我反應過度，老師，妳誠實地跟我說，這些猥褻的字眼，出自一位十四、五歲的女孩口中，妳不覺得噁心嗎？

孩子的成長只有一次，做父母的責無旁貸。丈夫當下打了一通電話給導師，導師給了幾組關鍵字：母親剛離婚、現在和母親及母親的男友同住一個屋簷下、經濟來源主要是透過母親男友打零工的收入。

我跟丈夫的眼睛瞪大，面面相覷，這個女生的母親在做什麼？至少都三十歲年紀的人了，活得這麼隨便不丟臉嗎？殊不知她的女兒有樣學樣，也想攀個男人輕鬆度日。不用想了，那些骯髒不堪的簡訊，正是那個女生誘惑漢偉的鐵證！

我剛才不是提過了，三個小孩從電視吸收多少的資訊、怎樣的資訊，長年下來皆在我的審核下進行，為了孩子，老公也合作無間地只在公司讀報。家中唯一一台桌電放在客廳，誰使用電腦，又做了怎樣的使用，沒有一件事可以躲過我的眼睛。在我縝密的控管下，漢偉沒有接觸色情訊息的機會，怎麼可能說出那些下流的字句？對吧。老師妳教漢偉一年多了，妳判斷一下，一個十三、四歲的小孩，沒有外人的唆使，會主動講出那種話嗎？不會吧。那些話想必不是出自漢偉自己的意思，他太懵懂了，不曉得怎麼處理這類城府很深的女生。

我跟丈夫檢討過了，這女生不好對付，她八成看出了漢偉來自富裕的家庭，想方設法要巴著他。被她的花言巧語迷得團團轉的漢偉，看不到她的真面目，還反過來振振有詞地為她辯護。我那可憐的兒子，是我不好，來自新世界的侵擾又太多，沒關係……我還來得及挽救。

我提出給漢偉轉學的想法，丈夫起先猶豫不決，我告訴丈夫：「漢偉一天在學校八、九個小時，我們再怎麼盡責的消毒殺菌，別忘了，漢偉依然和那個女生在班上朝夕相處啊。我們辛辛苦苦養出來的小孩，是活該要被污染嗎？漢偉升國三了，轉學對他確實有些辛苦，可是，孩子正在走偏，你做人家父親的，看了不會憂心嗎？」

「妳說得很對。」丈夫採納了我的主張。

＊

事實證明，我錯了。

漢偉在Y校沒有變乖。我幾乎要跪下來懇求他好好準備考試，漢偉一向很擅長考試的，但在Y校，他缺席每一場大考小考。我告訴漢偉，只要他考上前五志願，我可以送他最新的智慧型手機，漢偉不要，反覆吵著要和那女生再見一面。

我也急了，漢偉的基測已屆倒數一百天，我不能坐視他考上名不見經傳的學校，丈夫會怪我的。我找上漢偉在Y校的導師，看看有沒有辦法，一勞永逸地斷除我兒子對這女生的執著。導師給了一個建議，不妨叫那女生寫一封信，信中務必要決絕地表達出「不願意繼續這段感情」的立場，唯有讓漢偉徹底死了這條心，整件事才有轉圜的餘地。據導師所說，那女生一開始很不情願，一聽到漢偉在Y校過著自我放逐的生活，似乎也良心發現，靜靜回到自己的座位寫信了。

我把那封信交給漢偉。

老師，妳絕對想不到，看完那封信之後，他哭得死去活來。

我看了好不忍。我的兒子被設計得好慘，這種虛情假意的感情他也當真。

我輕撫著他的背：「兒子啊，青春期的愛戀是不可信賴的，你看，這女生沒有你之後，飛快地找了另一個人填補你的空缺，你要快點好起來，讓自己的生活重回正軌啊！」

我滿心期待著兒子的洗心革面。

好奇怪……我似乎又錯了。漢偉更墮落了，不顧我的聲淚俱下，漢偉就是不肯念書。考基測那天，他每一科目都提早交卷，考場很炎熱，我的心卻很冰涼，我明白漢偉放棄這次考試了。

那幾個月，我的丈夫留在柬埔寨視察工廠的營運，晚上我與他通電話時，時常猶豫著要不要向他說一下漢偉的狀況。老實說，我不太敢講，漢偉是長子，我丈夫對他有特別的期望，我怕我據實以告，會害得丈夫在柬埔寨不能安心做事。

我一再拖延，直到漢偉考基測，丈夫打電話來關心漢偉考得怎麼樣，我小聲地念出漢偉的分數。電話另一端沉默了好久，久到我快窒息了，我丈夫悶悶地問了一句：「奇怪，這孩子小時候不是很會念書嗎？」

我承受不住，抱著話筒痛哭起來。

老師，漢偉有沒有跟妳提過，我們夫妻倆曾經拿三個小孩的生辰八字去給老師算命，那老師很有名，很多藝人跟政治人物都找他算過，他一次要好幾萬，我們付了快十萬塊給他。

那個老師拍胸脯跟我保證，漢偉天資聰穎，氣質出眾，是拿筆的命，未來的工作很可能帶個「官」字。我從未懷疑過這個見解，漢偉的確很聰明，不是我在自誇，教過漢偉的老師，有好幾個說過漢偉特別好教，別人家小孩花了老半天才搞懂的概念，漢偉沒兩、三分鐘就上手了。我把老師的話轉達給丈夫，丈夫聽了很得意，說他日後要把兒子送出國念書，學成歸國後要接他的事業。到後來，曾經被寄予厚望的小孩考進一間三流高中。

怎．麼．想．都．令．人．很．難．受．吧。

問題到底是出在誰身上？不可能是漢偉啊，他的資質得到多少老師肯定；也不可能是我，我這麼盡心地栽培漢偉，不像那些把小孩生出來之後，任小孩自生自滅的失職父母啊！想來想去，不免覺得悲哀，學校的環境是我唯一不能控制的，我的孩子被學校給毀了。

我再也不相信學校老師了，他們成天敷衍了事，沒有多為家長服務的熱忱。我找家教，並且告訴仲介社，我要指定用心、盡責的老師，不要那種領錢了事的。因此，我跟漢偉認識了妳以及顏老師。我曾對於兩個老師都是女的有些介意，但長期看下來，我有些釋懷。女老師多一點母性，願意撥冗照顧學生的情緒。顏老師自己的小孩也大了，她對於如何跟青少年溝通很有一套，妳很年輕，脫離學校沒太久，漢偉跟妳對話時沒有代溝。

總之，漢偉在你們的陪伴下，一天一天好轉，跟我說話的頻率增加了，成績也恢復到過往的水準，我的好兒子回來了。算命師沒有看錯，漢偉是人中龍鳳。丈夫也暫且放下柬埔寨的工程，打算回台灣休息幾個月，我好開心，可以喘口氣了。

快樂的時刻往往很短暫，學校寄來成績通知單，敲破了我的美夢。

很多人覺得我大驚小怪，漢偉只不過是英文被當了，又不是天要塌下來。如此的思考邏輯，跟單細胞生物有什麼兩樣？他們沒有能力看得更仔細。今日的重點在於，漢偉的段考都考得堪稱理想，至少有七十分的水準，可是這位老師在漢偉的平常成績給出零分。

零分代表什麼？全盤的否定。

葛老師所制定的規則太專制了，這麼頻繁的小考和作業，她以為學生只有英文這科要讀啊？漢偉沒有參與小考及作業，這點我無話反駁，但……漢偉的段考是全班前幾名，難道不足以證明他具備這學科應有的能力嗎？

葛老師不是不知道，漢偉先前是多麼叛逆的學生，他正在努力回歸學校的團體生活，成績也有了很大的起色。漢偉的情事特殊，一體適用的規則不適合他。

讓我失望的是，那半年我經常打電話給葛老師，強調漢偉很特殊，他正在進步、好轉，需要老師多加包容，請盡量以鼓勵代替苛責。葛老師通常敷衍我幾分鐘，急著掛斷電話，也不跟我談一下漢偉拒絕小考、不交作業的事，學期結束徑自當掉了漢偉，這不是很惡劣嗎？

老師，妳也有看到葛老師那天的姿態吧，多典型的職業傲慢啊！

看她胸有成竹地為自己抗辯，我都要暈倒了，這樣的老師有資格為人師表嗎？

我很失望，對於葛老師很失望，對於學校很失望。我打聽過葛老師，名校畢業，教學能力有一定的水準，是校長口中「英文科第一把交椅」。聽起來很光鮮亮麗吧？才不是——他們忽略了一件事：葛老師沒有結婚生子，她無法感受家長的心境。

小孩一天在學校至少待上八小時，小孩有不少人格特質的形塑是在學校完成的，既然學校帶給小孩的影響至為重大，擔任此一重責大任的老師，最好也是個家長，如此一來，他在教學上才會跟家長產生共鳴，他能掌握家長要的東西，不會做出太不合常情的判斷。

葛老師是新時代的人，在老師一職上，我想不太及格。

漢偉不願去補考，我無能為力，也懶得念他了，我姐姐說漢偉救不回來了，要我把注意力轉移到兩個女兒上頭，她們還小，現在介入不嫌晚。

不久前，我接到一通電話，對方說漢偉跟她的女兒上床，除非賠錢和解，否則他們鐵定會把我們告上法院。排山倒海的厭惡感湧了上來，我在漢偉面前失控了，我差點想把他推去撞牆，為什麼一再讓媽媽絕望呢？乖乖成為一個品學兼優的好孩子很難嗎？毀掉媽媽讓你很得意嗎？即將動手的前一刻，我還是捨不得，我停下一切動作，走回房間。

老師，不好意思，明天起妳不用來了，漢偉要出國念書了。

漢偉的姑姑嫁去美國，跟年紀大了近一輪的丈夫住在加州，兩人生不出小孩，過著自在卻也有點無聊的生活。她很同情漢偉的處境，主動提說可以幫我們照顧漢偉。

我現在不適合看到漢偉，一看到他就心煩，太多情緒了。這幾天，我整理家裡的照片，有一張我不敢看第二次。那是漢偉小六的時候，我去參加他的運動會，買了披薩跟炸雞犒賞他的同學。他的同學跟班導慫恿漢偉抱著我，快門按下時，我也抱緊他，畫面中，我們都笑了。

【葛老師說】

妳現在方便講電話嗎？妳在家裡啊，這樣很好，既然妳人不在外面，待會說起話來自在多了。收到妳的簡訊，我很意外。原本想說也回簡訊好了，想了一整個晚上，要講的實在太多了，不知從何下手，打電話省事很多，希望沒有造成妳的困擾。

在我們切入正題之前，我先打個岔問個問題，「王牌教師」，蔡漢偉在妳面前，真是這樣稱呼我的嗎？是真的啊？好吧。我先承認，我很意外，我以為他會發明一些……妳懂的，就是比較下流的叫法。很抱歉，老師當久了，難免會把學生想得邪惡一些。

我的手機號碼是蔡漢偉給妳的吧？說來可悲，這年頭，老師的隱私像是公園的草皮，任由來公園玩耍的家長及小孩踐踏。我最初踏入教職時，手機尚未發明，家長的來電不接也無妨，說自己在外用餐即可。手機一問世，哎，這玩意兒的發明，對世人而言是福音，對我來說卻是避之唯恐不及的噩夢。有了手機之後，家長對於「即時聯絡到老師」的執念膨脹得非常可怕，現在，一旦漏接家長的來電，家長的抱怨便隨之而來：「老師要記得常看手機啊！」

通訊軟體還一個接一個推出，有完沒完啊——

教師的工時，遠比外界所知的長上許多，離開校園，褪下拘謹的套裝，脫掉嚴肅的面具，仍無法成功地從「老師」的角色中抽離。說穿了……是家長們不讓老師出戲啊。

家長們最常誤解的一件事情是：小孩是他們生活的全部，但對老師而言，小孩不能代表什麼。對大部分的老師而言，學生是工作的一個環節，過程中所衍生的師生情誼是附加價值，有了要知足，沒有也別謾罵，師生情誼從來不是教育的元素，壞事的前例也不是沒有。

淺顯一點說好了，在我下班後，我一點也不想聽到「蔡漢偉」三個字，包括任何學生的名字，我只想回歸私生活，卸妝，打開微波好的餐盒，把全身的骨頭交給沙發。比起學生此刻過得怎樣，我更關心韓劇今天會播出幾個小時。我下班了，下班有下班的生活。

這樣的自白傳入家長的耳裡，會招致怎樣的評價呢？

用膝蓋想也知道，他們會說：「這老師太沒心了。」

這樣的想法未免太自大了吧。難道老師的心是為了學生而存在嗎？

我現在所說的情境，妳應該很能感同身受吧？讓我們打開天窗說亮話吧，妳是蔡漢偉的家教老師……我沒猜錯吧？那天，蔡漢偉的母親介紹說妳是蔡漢偉的表姐，自願給漢偉輔導課業。

或許是同為教育工作者吧，我很快地聯想到妳其實是蔡漢偉的家教。

「蔡漢偉的媽媽給他請了兩個學歷很高的家教老師」，這件事拜蔡漢偉的大力宣傳所賜，在班上已不是新聞了。

蔡漢偉是個矛盾的孩子。

身為老師，立場中立是職業道德所需，但老實說，我不太喜歡蔡漢偉，近乎討厭的程度。他太自以為是了，動不動擺出一副清高的姿態。表面上他很渴望交朋友，私底下才不是這樣，在蔡漢偉的眼中，其他人都不若他聰明，想事情也沒有他深入，他交朋友是勉強湊合，是委屈自己去跟一群笨蛋共處——先別急著反對我的說辭，我之所以這樣說，並非個人臆測，而是有根據的。

在我教蔡漢偉的第一個月，我注意到蔡漢偉跟班級格格不入，出於一種導師的使命感，我暗中請幾位與我友好的學生，撥些時間關懷一下蔡同學。

幾天下來，那些學生帶回令人意想不到的成果。

「以前認為蔡漢偉很可憐，沒人要理他。好不容易鼓起勇氣找他講話，可是……講沒幾句就想閃人了。蔡漢偉超級自戀，話題一直圍繞在自己身上，我想說話，他又拚命插嘴打斷我。

感覺他一點也不在意我的想法，我不想再跟他說話了。」一個同學說。

「蔡漢偉很愛重複他小六、國中的往事，第一次聽會為他難過，直到第二次、第三次……我有點受不了了，蔡漢偉是不是沉浸在自己是悲劇小英雄的幻想之中啊？對不起，可能辜負了老師的期待，但我也一樣不會再找他了。」另一個同學補充。

「蔡漢偉好像不記得我了，我跟他讀同一間國小，就在他的隔壁班，我一個好友是他的同班同學，我聽過不少蔡漢偉的事。當年，他被同學不小心推去撞牆的事鬧得轟轟烈烈，同年級的學生無人不知。前天，我稍微跟他聊了一下，他雖然沒有外界所傳聞的這麼自閉……倒也好不到哪裡去。蔡漢偉說他在小五以前是校園的風雲人物，我嚇了一跳，不是這樣吧？就我所知，蔡漢偉在國小的成績的確很好，交際技巧卻很爛，說話不經大腦，一天到晚得罪別人，在班上的名聲很臭……他到底是從哪一點認定自己是風雲人物啊？」

學生的回饋讓我思考了好久。我想得太直觀了。

我以為蔡漢偉的問題出在他的母親，看來我也沒逃過刻板印象的制約。

＊

接下這個班級時，先前教蔡漢偉數學的葉老師提醒我要明哲保身，蔡漢偉的父母是傳說中的直升機家長。當初他要當蔡漢偉的數學，蔡漢偉的母親先打電話與他斡旋了半小時，見他遲遲不肯讓步，就與蔡漢偉的父親開車直驅學校，看葉老師還在上課，兩人雙手抱胸，等在門外。葉老師嚇到了，只好把蔡漢偉的分數往上調了兩分，讓蔡漢偉不用補考。

我跟葉老師不同，我不是那種會輕易妥協的人。第一堂課，我就跟學生開宗明義，小考好好作答，作業按期繳交，老師不會在分數上委屈你們。公布遊戲規則的當下，我刻意往蔡漢偉的方向多看了兩秒，他也看著我，我以為我們無形中達成了共識，他會乖乖的。

曾經這樣想過的我實在愚蠢至極。

蔡漢偉缺席了每一次的晨考，也不交任何作業。學期末將近，我暗示他好幾次，請按照遊戲規則走，為了顧全他的面子，我是私底下說的。

蔡漢偉只是嘻皮笑臉地敷衍我：會改啦、下次作業我拚拚看，老師不要那麼緊張嘛。

有同學說，蔡漢偉每個早自習都躲在廁所裡看A片，聽說他的母親管得很嚴，蔡漢偉在家中沒有A片可看，只好趁著早自習，借同學的網路下載A片到自己的手機。這點我不予置評，青春期的男生對於性或多或少會產生好奇心，我能體會。我只是很困擾，蔡漢偉不考試不交作業，無疑是在全班面前甩我一個巴掌，表明他不把我放在眼裡。

掙扎許久後，我下定決心，非在他的平常成績畫上零分不可。

我太小看我同事的警告了，蔡漢偉的母親簡直是神經病。我沒想過天底下有這種父母，可以為了小孩的成績，甘願在眾人面前又哭又笑，極盡煽情之能事地演出；我更沒有想過，她會對我吐出那些詛咒，小孩的成績有這麼偉大嗎？偉大到可以把老師的尊嚴踩在地上。

妳那時的臉色看起來很蒼白，妳也嚇了一跳，對吧？

我要辭職了。

官方說法是要返鄉照顧罹患癌症的母親，實情則是單純許多，我累了。妳可以拿我們的對話內容去向蔡漢偉的母親告密。我不怕。一旦我從老師的身分中走了出去，蔡漢偉的母親也不再是家長了，一個神經質的中年婦女，我怕她什麼？

從小，我是父母的掌上明玉，他們在我身上投注了不少教育資本。大學聯考，我的分數同時可以錄取法律系及外文系。填志願那晚，母親誠懇地請求我把法律系填在前面，她認為當老師是低估了我的能力，我太自信了，竟一意孤行，把母親的意見拋諸腦後。

畢業不久，我考取這所私校的教職，我帶班、教學都很認真，校長時常看著我，滿意地微笑，說：「妳是我們這所學校的鎮校之寶，妳來了之後，學生反應極佳，家長也很喜歡妳。」

為了報答校長的伯樂之恩，我把所有心思奉獻給工作。為此，我疲倦得沒有多餘的體力談戀愛，母親給我安排了好幾場相親，我因為學生的事而放對方鴿子的次數多到無法勝數。

有一天，我跟母親說，不要再給我規劃婚事了，我的日子很好，桌上掛滿了學生寫給我的感謝卡，每年寒暑假，學生跟候鳥一樣，會回到我的身邊，吱吱喳喳分享升上大學的點滴。

學生即是我的孩子。

如今我很後悔。

擔任老師十幾年，即將要辭職，不免有回首觀照的心境。我必須說，母親的話對了一半。對的部分是，我應該填法律系；錯的部分在於母親說反了，當老師，不是低估我的能力，相反的，是太高估我的能力了。以現今風氣對於老師的標準來看，我是百分之百的不及格。

老師的職業需求，除了專業的授業能力、協助提升學生的學業成績外，還得照顧學生的心理健康，關心他們的家庭狀況，建立好家長與學校間良好的溝通橋梁等等，其中一個環節出了差池，龐大的責任立即掉了下來。

少子化所衍生的負面效應，一般人往往從世代更替、扶養比的角度出發，在我看來，他們少提了一個很重要的層面：少子化製造出一對自以為是的學生與刁鑽的家長。

因為只生一個、兩個，家長習慣將家中所有資源挹注在孩子身上，把小孩寵得無法無天，這麼說可能會讓很多家長感到不悅，但我的個人觀點是，養小孩跟投資很像，今天你把所有的雞蛋放在同一個籃子裡，對這次投資的得失心不免會非常可觀。

簡單來說，家長們開始把小孩放在很優先的位置。

這樣說很籠統，我舉個例子。學生間起了齟齬，又得不到共識的前提下，我們會請雙方的家長前來學校說明。從前，家長一到場，不外乎先壓著自家孩子小小的腦袋瓜，鞠躬致歉：「對不起，是我家小孩的錯，我們家沒管好，造成您的困擾非常抱歉。」

我個人很偏好這種「不問是非，先道歉再說」的解決方式，省時省力。可惜該方式在過去幾年間被抨擊得很慘烈，說會混淆小孩的價值觀，教出低自尊的小孩。

於是，以保護小孩為出發點，新一代的父母演化出截然不同的面貌。

「是你的小孩帶壞我的兒子！我兒子這麼乖巧，怎麼可能會主動去欺負別人？」

「你有證據說是我兒子先推你女兒的嗎？搞不好是你女兒先挑釁的啊！」

有時雙方僵持不下，下一秒砲口一致，把過錯推到老師身上，說老師監督不周。

家長跟老師，如從前一樣和睦的互動不復存在了。

從前，家長們對於老師多半是心懷感恩，謝謝老師對學生的提攜。現代家長這麼想的很少，他們一再擴張老師的責任義務，把老師額外的付出視為理所當然，老師們偶爾鬆懈了、失控了，就準備接受一連串的抗議吧。這不是最慘的，最慘的是被告上法院。

堅守原則的老師一一絕種，反觀那些絞盡腦汁去迎合、巴結家長的老師順遂地壯大，家長說要考試，老師增加考試頻率；家長嫌老師補充資料太少，老師連忙印製一疊講義，也不問學生是否可以吸收。想想不由得覺得可悲，接受教育的對象是學生，照理說，老師的教法該以學生為導向吧，怎麼會是家長呢？

更有不少家長把學校教育當作是飯店 buffet，可以滿足他所有的心願。

這樣想真是笑死人了。

學校教育有如營養午餐，大部分的人負擔得起的價位，不會太精緻可口，也不至於難吃到哪裡去，不想吃的學生請額外花錢去福利社解決。換句話說，一套規則，一定有你家小孩佔上風的場面，也一定有風向不對的日子，這才是學校教育，想吃高級 buffet 的人請找家教、補習班或者更小班、更貴的私校客製化——

那不是我的領域，先不多言了。

好奇怪，妳是蔡漢偉的家教老師，某程度上我們是對立的，我在不知不覺間，也對妳吐露出這麼多心事，或許是積怨已深，不吐不快吧。

*

能夠同蔡媽媽這樣的家長長期相處，真是辛苦妳了，不諱言，我有點同情妳。像她這樣的家長，這幾年只會多不會少。

蔡媽媽常以「模範母親」自居，一副為兒子南征北討的好媽媽形象。她真的愛她的小孩嗎？這點，我不清楚妳是怎麼想的，我提出我的一點想法，妳不妨聽聽看。在我眼中，蔡漢偉的母親是很可怕的，她根本就在用盡心機把自己的兒子送入深淵。

她時常打電話來對我訓話，指摘我對蔡漢偉的關注太少了，她說，只要我對她兒子釋放出多一點的善意，蔡漢偉久了就會被我的誠意給打動。

殊不知，每一次她打電話騷擾我，無形中也在加深我對蔡漢偉的憎惡。我在心中幻想過好幾百萬次，在全班面前衝著蔡漢偉咆哮：「管一下你媽的嘴巴好嗎？」

我覺得自己好像怪怪的。

去年，日本有六百多位中小學老師因患上精神疾病而辭職。看到《產經新聞》的這則報導時，我彷彿看見自己的倒影。每一天，按掉鬧鐘，從床上爬起來，一邊用梳子分開糾結的頭髮，一邊問著自己：「我還要忍耐多久？」不瞞妳說，近日，我已疲乏到光是看到蔡漢偉他媽的電話號碼，就恨不得把手機摔向牆壁。我的良心告訴我，我的身心狀態並不適合當老師了。

對了，我有聽說蔡漢偉跟隔壁班女生之間的緋聞，有學生跑來跟我告密，說女方曾沾沾自喜地向同學炫耀，他們做了好幾次了。

那個女生看起來很文靜，我以為她只是不喜歡讀書而已，沒想到她會講出這種話。

現在的小孩，天真無邪的臉孔下到底包藏著怎樣的想法，妳永遠不知道。他們深諳自己是稀有資產，要麼裝可憐，要麼放膽對父母予取予求，蔡漢偉不正是一個例子？口頭上嚷嚷著自己的父母多可惡，伸手要花用時卻毫不手軟啊。

扳指算來，我當老師快二十年了，雖然稱不上專家，至少這個行業的實際生態，我自認有說話的立場。學校老師這個職業的前景，差不多死透了。妳以為，蔡漢偉母親的行為模式，是最可怕的嗎？對其他老師而言可能是，但我認為，蔡漢偉的母親勉強還算合格，畢竟，比她失格的父母大有人在。

妳當家教的，也見識過這種家長吧，把自己的小孩打包成一團，丟給外人。滿兩歲丟給幼幼班，大一點丟給幼稚園，之後換成國小，國小很早就放學怎麼辦？別慌，有安親班。進入青春期，怕小孩會利用閒暇時間做壞事，便往補習班送。此類家長似乎很害怕和自己的孩子單獨相處，急著把小孩的時段切割成好幾塊，安插不同的活動，每個活動有不同的外包負責人。基本上，他們表現出來的立場即是：寒暑假帶小孩出國一趟，定期繳納兒女的學雜支出和補習費用，手頭尚寬的話，再負擔一、兩項才藝項目，便盡了為人父母的責任。之前，有家長跟校方提議，說希望能增加課後輔導時數，我很訝異，禁不住想：你們有多麼不想看見自己的小孩啊。

我曾相信我可以做個好老師，最後我把自己給掏空了。要體察這麼多孩子的情緒太困難了，尤其我無論怎麼做，總有一、兩個人看不過去。再說，關心小孩的心情，究竟是誰該負主要的責任？我可不是那個出精子或卵子的人，憑什麼強迫我付出那麼多？

別笑啊……我很認真的。除了認養，很抱歉，我這輩子沒有其他做母親的管道。妳不同，妳還年輕，妳可曾想過，像妳這種受過完整教育、有主見的新時代女性，換成母親的身分之後，真能保持距離，不插手學校老師的作風？不把自己的責任外包給他人？妳有多少自信，自己不會變成像蔡漢偉的媽媽那樣？

再兩個月，我就要離開這所學校，從「老師」的身分逃跑了。我可以想見，不少家長將批評我「不負責任」，沒有盡責地把手上的班級帶到高三。

可是，第一次，我不想管了。負責任也好，不負責任也好，我要回去當一般人了。

第9個家

高材生的獨白。

「和母親將近第一百次的和解失敗時，我決定寬恕自己，
和解或許可行，但不是現在。」

前言：

這篇的女主角不是學生，是我深交五、六年的好友。

書寫到一半時，我跟她提起我正在寫學生的故事，我有些埋怨地跟她說道：「妳的存在多少動搖了我的想法。妳看，妳母親的教育方式很強勢，妳的成就卻如此傑出。我時常寫著寫著就想到妳，想到妳心底難免有些衝突，也許高壓教育還是可能見效的？」

朋友沒有立即回應，她把手放在嘴唇上，有些訝異的模樣。

幾秒後，她笑著回答：「妳怎麼會誤解我目前的成就是我母親的功勞呢？我現在可以告訴妳，假設我媽採取更柔軟、更有彈性的教育理念，我的發展很可能比現在更好。」

她是個大方的人，花了很長一段時光，細心縝密地把她的過去交給我。

我走進她的生命，每踩一步就驚嘆不已。待我走到盡頭，故事也差不多完成了。

希望我的描述有她言語一半的細心縝密，以及大方。

＊

以世俗的眼光來看，我是個很成功的小孩。十五歲考上第一志願高中，而我數學科的成績大部分在全校前三名。十八歲時，我考進台灣大學的熱門科系。滿二十歲不久，我在一場知名的比賽中拿下亮眼的成績，這項成績給我的個人經歷添加了不少光彩，之後我申請國外大學很順利，收到不少知名大學的入學許可。

我的求學過程引來媒體的興趣，在準備出國的暑假，我與母親一同接受幾間媒體的採訪。幾天後，新聞稿陸續出來了，我忐忑地讀著，記者對我的形容真是美不勝收，美得我不禁懷疑他們筆下的人真的是我嗎？另一個更奇妙的想像浮上腦海：此時此刻，會不會有一位母親或者父親，也像我的母親那樣，輕手輕腳地剪下這則報導，用螢光筆標示出值得參考的學習方法，左手食指放在我的照片上，右手摸著他們小孩柔軟的頭髮，跟他們說：「要向這位大姐姐學習哦。」

如果我說，請不要這樣做，各位家長會有什麼反應呢？

我想說的是，每個人，在此我是說小孩，都是獨一無二的。

我的母親，自小就很熱中於閱讀偉人傳記，她很聰明，學業表現也很優異。像母親這樣優秀的女性，自然會對於自己的人生充滿抱負，只是，在工作與婚姻的兩難上，她順從社會的期待選擇了後者，為了配合我父親的工作形態，我媽最終挑了一個穩定、卻幾乎沒有挑戰性的工作，這多少辜負了她辛苦得來的碩士學歷。我的母親不曾對於這樣的抉擇明確表示過後悔，但她在談吐間仍透露出一些端倪，例如她在敘述自己的人生時，多半聚焦在結婚生子之前的階段，她是如何孜孜矻矻、如何擠進全校的前十名，如何找到眾人歆羨的工作……等等，母親這時的手勢繁複且華麗，她言語架構出的世界，步調緊湊且充滿冒險。

等故事進行經到她與我爸結婚之後，母親的敘事態度變得很平穩，甚至有些呆板、無趣，因為，後半段的主角冷不防地變成了我跟妹妹，故事的軸心繞著我們打轉，這是我母親的故事，她反而退居幕後把舞台讓了出來，屏氣凝神地看著我跟妹妹在上面演出。這或許就是所有問題的根源：我母親從自己的人生舞台走了下去，把我跟妹妹推上場。

＊

故事要從永遠算不完的數學習題說起。

父母在管教小孩時，有一個很簡單的出發點是：不希望小孩重蹈自己的覆轍。以我母親的背景來說，在她接受教育時，所有科目的分數都十分理想，唯獨數學一科始終差強人意。為此，她花了更多時間苦讀，投資報酬率卻很低，聯考成績出來，數學一科把整體平均拉低了不少，她與台大擦肩而過。這算是母親求學史上最大一次的滑鐵盧。

即使之後她在大學認識了父親，順利地跟父親出國念書，拿了語言相關的碩士，她仍舊無法忘懷聯考時數學失敗的經驗。因此，在我這個大女兒出生的前後，母親已經擬定了一套很有系統的學習模式。她的出發點很好理解：只要我比一般的小孩更早接觸數學，耳濡目染之下，絕對會有很出色的回饋。

我還很小，可能還無法順利抓握物體的時候，母親已嘗試著教我簡單的加減原理，素材可能是隨處可見的紙花與糖果，或者是散步沿途的行道樹與小鳥，這種活潑的起頭很吸引人，我很快便理解了加減的規則，在我進入幼稚園時，三、四位數的加減已經是駕輕就熟。母親不以此為滿足，她很快地提高了難度，進入乘除和四則運算，生活化的教材不再容易尋找，母親從坊間買來她認為「很有趣」的數學習題，先把題目瀏覽一遍，勾選她覺得有價值的題型給我練習。對五、六歲的我而言，這部分的學習有點難度，我混淆了一些符碼的意義，出錯的機率也越來越高，母親從來不掩飾她的失落與沮喪。相反地，只要我答對的機率很高，母親也不吝於綻放微笑，拍拍我的肩膀，贊許我的聰穎。

母親兩極化的反應，讓我成了一個非常好勝、得失心很重的人；此外，為了和喜怒無常的母親相處，我變得很敏感、很擅長察言觀色。這些人格特質的好壞，長大後很難分說，但以一個不到十歲的孩童而言，我相信是太沉重了。

進入小學之後，我立即展現出高度的運算優勢，看到同儕被簡單的數學習題難倒，我很訝異，也終於正視到自己在數學這一科的確領先他人不少。我的心中充滿矛盾與衝突，有時，我埋怨母親分派的功課太繁重，有時，我又感謝母親的先見之明。

因為我其他學科的表現不是很突出，數學一科是我成就感的主要來源，久而久之，我發自內心地喜歡上這個科目，會自己安排更高階的題目，母親很滿意我的主動，日子久了，她對數學這一科的干預也少了。

但這不代表她將鬆綁對我的規劃，母親為我開闢了第二個戰場：英文。

母親的英文非常流利，她天生語感就好，又在美國拿語言相關的碩士學位。母親相信，只要在英、數這兩科拿下頂尖的成績，在台灣的教育體系下就能無往不利。因此，在既定的數學習題之外，我的每日例行事項又多了背單字跟閱讀英文小說。

很遺憾的，我沒有遺傳到母親的語感，第一千個單字還算簡單，我很快地背熟了，進入第兩千個、第三千個單字後，我的進度有些停滯。英文是母親頗有心得的領域，她在這方面的要求當然更嚴苛，我的數學不勞她操心，她便盯著我的英文。我越是心急，就忘得越快。

隨著年級往上升，母親「見賢思齊」的心態也跟著升級。只要我身邊出現了很會讀書的小孩，母親會急著去請教那位同學父母的教育方針，並且迫不及待地在我身上實施。母親在翻閱報章雜誌時，花最多心力閱讀的無非是教育一欄，她會找一些參與數學、英文競賽獲取高分的報導，剪下來，註記他們獲取高分的關鍵，要我讀那些重點，確定我看完了之後，她會很慎重地問我：「看完這篇文章，妳有什麼心得？有找出妳在背單字時犯了什麼毛病嗎？」「現在，妳知道妳計算的數學習題不算多了吧？比妳認真的人多得是！」

母親想用他人的例子來激勵我。

然而，在當時的我耳中聽來，這些話語都在講同一件事：我不夠好。

我小四、小五左右，發生一件很經典的事件。姑姑和姑丈因公得出國一個月，他們把小表妹帶來我們家，請我們幫忙照顧。我跟表妹不算熟稔，年紀相近，倒也很快地玩在一塊。那時，我媽抱回好幾本英檢的題目，想要檢驗我的程度。有一天，我媽下班回來批改我的考卷，那回的試卷是我比較不擅長的助動詞，我犯了一個很基本的錯誤，還一犯再犯。母親臉色沉了下來，叫來電視前的小表妹，把鉛筆交給她，要她寫看看這些題目。

小表妹遲疑了一下，看了我一眼，但在我母親有些緊迫的注視下，她硬著頭皮著手回答那些題目。小表妹有在補習班補英文，幾分鐘後，她交出自己的答案。

母親上下瀏覽了一會，神色更難看了，她轉向我，音量高亢起來，當著小表妹的面，把我從頭到腳給數落了一頓：「妳看，人家表妹小妳一歲，花的時間比妳短，錯得比妳少，妳在寫題目時，有認真想過我之前教過的文法嗎？妳是不是在敷衍了事？」

小表妹沒有看我，她雙手抓緊自己的裙子。

我垂下頭，一股不快的情緒在胸中擴散。

一條鴻溝在我與小表妹之間形成，她找我玩，我冷冰冰地回應，幾次下來，小表妹似乎理解了什麼，轉身投向電視，不再找我說話了。我以為我會很高興，然而並沒有，我反倒更厭惡自己。姑姑來接小表妹的那一天，她站在玄關，轉過身來，有些緊張地伸手跟我道別。

至於我的回應呢？我忘了。

小表妹之後的發展和我有些類似，一路念著第一志願，大學甫畢業，拿著豐厚的獎學金出去。這代表什麼呢？代表我與小表妹均是非常出色，我們都是好孩子，沒有相互比較的必要。但在我們很小的年紀，我的母親卻把我們放進同一個籠子裡，宣布只有一個人可以走出來，小表妹走了出去，我卻被留在籠子裡。這件事情傷我很深，近二十年了，我還可以清晰地描繪出，在我被母親斥責的當下，我與表妹的視線，在空中短暫交會了一秒。

她看我的眼神帶著同情。

*

國小畢業後，我進入某國中的數學實驗班就讀，之所以稱為實驗班，是為了迴避能力分班的爭議。實驗班裡頭人才濟濟，我的排名不若國小時代頂尖。這是我第一次發現到自己的渺小。我有些緊張，我媽也是，她對於我名次的得失心加劇了。不分大考小考，母親從我的書包翻出每一張英文與數學的考卷，很有耐心地追問我：「班上平均是幾分？」「最高分是多少？」「比妳高分的有幾個人？」「妳有想過為什麼這次會退步嗎？」假使人生是一部字典，讓母親挑出她最熱愛的兩個字眼，我想結論很可能是「檢討」與「進步」。

母親很擅長給小孩創造一個美麗的藍圖，內容不一而足，可能是在幾歲要考過全民英檢中高級，數學競賽要在校內取得怎樣的名次，考進哪一所頂尖大學，或是從事某個光鮮亮麗的職業等等。為了確保我正在往這個方向前進，她研擬出一系列的待辦事項。母親不是沒有開過商量的大門，但我很少成功地改變她的想法，百分之九十九的情形是，我深受母親所構築出來的美好藍圖所吸引，也相信那是對我最好的安排。

這也是事情演變到最後越來越複雜的成因，我也被說服了，接受了母親的說法，既然我這個當事者毫無掙扎的跡象，旁觀的他人當然不會自討沒趣地跳出來，質疑這些安排的合理性。

認真說來，順從從來不是母親最渴望的親子關係，但一旦我們表現出順從的姿態，母親的表情會很和悅，我跟妹妹也能避掉抗拒所附帶而來的冗長的嘮叨與碎念。長期演變下來，順從成了我跟妹妹最明智的選擇。面對母親不斷膨脹的美好藍圖，我們不再細想，點頭說好。

母親漸漸覺得她是對的，所有逸脫計畫的事物都是不合理的、對小孩有害的。

母親不只一次表明，她不喜歡虎媽那套高壓教育的方法，那會損及小孩的獨立與自主。母親想成為開明的母親。不過，她在不知不覺中，也走上了類似虎媽的路。

最鮮明的例子就是國二那年，學校舉辦一個「閱讀與寫作」工作坊。我的國文向來很差，對於中文閱讀與寫作也毫無熱忱，但我的好友和我心儀的男生都參加了。晚餐時，我向母親表明自己想參加這個工作坊的意願。

母親聽了，眉頭折起來，很明白地告訴我：「妳不需要參加這個工作坊，國文這科不重要。再說這個營隊會佔去妳三天，妳這三天的數學跟英文進度怎麼辦？」

我再度進行遊說，跟母親介紹這個工作坊的師資多麼難得、課程的規劃多麼鮮活，說到最後我的口吻幾乎是哀求了。

母親沒再理睬我，她轉頭去和父親說話。

我拿不到報名費，報名截止當天，我只得把申請單揉成一團，丟進垃圾桶。

相同的狀況也出現在高中。我就讀的高中，留校晚自習的風氣很盛行。升上高三後，我跟母親溝通，放學後想留在學校讀書。母親不假思索地否決了這個提議，她很堅定地告訴我：「妳在學校坐了一整天，上了八堂課，已經耗去不少精神，晚自習只有一個小時的用餐和休息時間，根本不能放鬆，接著讀下去也沒有效率。不如回家悠哉地吃頓晚餐，睡個三十分鐘再讀書。」

我跟母親說：「有很多人留晚自習，一起讀書的氛圍似乎不錯。」

母親回說：「妳沒有顧慮到自己的身體狀況，我說過了，晚自習不適合妳。再說，這麼多人留晚自習，教官只是偶爾巡邏一下，你們一群人難道不會聊天、分心嗎？家裡這麼安靜，又是妳的家，我搞不懂，妳何苦要捨棄這麼良好的讀書環境？」

我還想再多說些什麼，母親又說：「別說了，這件事就這麼定了。」

在母親的心目中，一個決定的做成，只要小孩子有發表過意見，做父母的就符合「民主」的條件了。這同時也暗示了一個危險，母親認為她不必認真聆聽孩子的意見。

母親有一點說錯了，家裡並不安靜，還很吵。

我準備考大學的那年，父母之間的關係因為對妹妹的教育理念發生了歧異而降到了冰點，每個晚上，我在書房挑燈夜戰，他們刻意壓低的爭執聲一而再、再而三地飄過來，我被干擾得無法專心。

有一天，他們結束了齟齬，將近八點時，母親宣布開飯。

我放下書本，前往飯廳。為了緩和餐桌上緊繃的氣氛，我開了一個話題：「我最近整體成績提升了，因為我花了一點時間練習作文，國文就進步了。」

我媽瞄了我一眼，嘴角掛上她擅長的冷笑：「國文是一點也不重要的科目啊，不是嗎？」

她沒看著我，是以沒發現到我臉上凝結的笑容。

母親一邊咀嚼著飯菜，一邊含糊地說道：「我勸妳不要再浪費時間了，與其練習作文那種輕易就能上手的東西，不如檢討一下妳的英文寫作，妳的英文作文不是始終卡在十六分上不去嗎？還有，妳的數學也不能大意，別忘了，妳跟別人不一樣，別人但求個七、八十分，妳至少得拿個九十、九十五，才不枉費我自小到大對妳的栽培。」

母親越說越起勁，我體內的一條線也扭得越來越緊。

她的長篇大論進行了二十分鐘，或者三十分鐘，啪拉一聲，那條線斷了。

我站起身來，話語一串串爭先恐後地從我嘴巴中竄出來：「妳可不可以收斂一下啊，大事小事，只要稍微不順妳的心，妳非得拿來說嘴不可。我國文作文進步，給個讚美很難嗎？這也能牽扯到我的英文作文跟數學，妳的控制欲真的很恐怖。妳老是跟別人介紹說妳是個很開明的父母？妳真的是嗎？我很懷疑。我倒覺得班長的母親比妳開明多了，不論班長有什麼意見，人家母親都盡量給予尊重。我很羨慕班長，他有一個真正開明的母親。」

這席話似乎啟動了母親內心世界一個不知名的按鈕，她的臉上浮現出我從未見過的驚駭，幾秒後，她恢復沉著，不疾不徐地說道：「那妳知道其他家長在小孩不乖時，是如何用拳腳教訓他們嗎？我沒有打妳，凡事努力跟妳講道理，妳有什麼想法，我也不是不聽，我那麼用心在關注妳的學習狀況，妳可別不知感恩。班長？他的事妳實際懂了多少？說不定人家的父母根本沒在教，妳不懂，還把事情美化成『對小孩的尊重』，不覺得好笑嗎？」

根據過去我跟母親來往的習慣，此時我會閉嘴，放棄掙扎。

但那天很奇怪的，我怎麼樣也管不住自己的嘴巴。

「妳以為沒有對小孩動手動腳，就是好父母了？非得身上臉上有個淤青傷痕什麼的，才能代表小孩受傷了嗎？妳真是自以為是，妳以為妳對我的諸多控制，不算是傷害嗎？」

「看來，我不打妳，妳還真會忘記自己是多麼的身在福中不知福。」

母親站起身來，往廚房走去，她再次出現在我眼前時，手上多了一根棍子。

那根棍子好久不見了，我以為母親早已丟了。

棍子朝我飛了過來，我接住了棍子，同時，下意識地朝我母親揮出一巴掌，但在場面即將失控的瞬間，我以殘存的理性縮回了手，只是指甲擦到母親的臉。

母親愣住了。

我也愣住了。

我看著自己的手，彷彿這是他人的手。

「妳居然想打我。」母親撫著臉頰，一臉不可置信地瞪著我。

我看著她，心中浮現一絲罪惡感，但與罪惡感一起出現的，是解脫。

我終於反擊了。我不後悔，心底分外雪亮，我跟母親遲早會走到這一步的。

母親流下眼淚，看著我說：「妳讓我好心寒。」

目睹整個過程的父親冷不防地衝上前來，甩了我一巴掌，要我向母親道歉。

我一點也不意外，這是父親標準的作風。

現在，我想花點篇幅來說說我的父親。

我的父親人很好，他具備許多宜人的人格特質，諸如誠懇、隨和、老實、孝順及埋頭苦幹……等等。我的祖父母對這個兒子讚不絕口，與父親共事過的同事會說他是令人愉快的合作夥伴。但我的父親有個小小的缺點：他很厭惡處理他人的情緒。

偏偏他又娶了一個聰明美麗、卻也非常情緒化的女人。

每逢母親陷入顧影自憐的情緒之中，父親慣行採取的策略是防堵。他給母親所有她想要的，藉此來平撫母親的不滿。父親最常告誡我們姊妹的，絕不是什麼做人的大道理，而是「我出門工作了，要乖，聽妳媽的話，別惹她生氣」。

父親的縱容養大了母親的脾氣，在某程度上，母親像是個小孩，她非得到她想要的東西不可。現在，她要我的服從，我不給，父親只好跳出來，甩我一巴掌，要我交出我的服從。

最圓滿的結局該是我識相地跟母親道歉，但我沒有，我走入房間，甩上門。

有一個角色，從頭到尾都沒吭聲，就是我妹。

那日過後，我跟母親沒再說話，前後有兩、三個月，我們的對話始終停留在日常庶務上。

大考前一個禮拜，我反覆地發燒退燒，考期越近，身體的毛病越多。考前第三天，我在學校險些昏厥過去，校醫把我送去急診，並請母親直接在醫院跟我會合。

我接受了抽血檢驗，醫生說，我的白血球數值很不尋常，必須靜養二到三天。

聞言，母親一把將我摟入懷裡，激動得哭了起來。

考試當天，母親跟隨我和父親走到地下室，坐在副駕駛的位置上。

以我跟她的默契，這就是示好的象徵了。

和好不久，母親又故態復萌，只要我稍微冷落她的情緒，她就會吐出傷人的話語。「妳真是我見過最自私的人」、「祈禱妳的友人沒有發覺妳的本性」、「沒有我的栽培，妳覺得憑妳自己的實力，有辦法考出這麼優異的成績嗎？」

我又頻繁地做起噩夢，夢境很一致，我和母親起了爭執，我再次對她伸出拳腳，母親滿臉絕望地注視著我，而我在夢中不停地向她道歉。

醒來時我往往淚流滿面。

我不禁想念起冷戰的時刻，那時，我是自由的。

*

現在，故事的第二主角——我妹要出現了。

有鑒於我在國小即立下顯赫的戰功，母親不假多想，完全比照教育我的方式，給她設計了一系列的補充教育。母親很樂觀，她堅信自己可以複製出第二個成功的小孩，甚至更好。

我妹與我，無論在外表、個性和天賦上，均有著天壤之別的差異。

她活潑、好動，我則內向、文靜。

我可以忍受整個下午蹲在書桌前只為了解出一道數學題。她完全沒辦法，她太容易被外界的事物給吸引，可能是一朵奇形怪狀的雲、窗外的鳥鳴或是刺耳的喇叭聲；你把筆交給她，她不會用來算數學、寫單字，她會送給你一張畫，我擅長邏輯，我妹則專注在事物的美感上。

我覺得這樣沒什麼不好，世界需要我這種人，也需要我妹那種人。

母親對妹妹的反應感到徹底的失望。

沒錯，就是失望，她對我是失望，對我妹是徹底的失望。

母親用苛刻的言語去攻擊妹妹的「不受教」，好幾次，母親出了作業，妹妹不願意寫，索性翻抄答案，在母親識破妹妹的敷衍時，妹妹會展現出詭異的倔強，不惜捏造出一個比一個還天馬行空的藉口，來正當化、合理化她翻抄答案的行為。

妹妹的閃躲強化了母親的怒氣，母親把妹妹打得死去活來，妹妹哭得很慘。可是，下一次，妹妹依然翻抄答案，母親依然把她打得鼻青眼腫。類似的橋段上演了好幾次，幾乎到了令人厭煩的地步。

我在心底質疑，為什麼妹妹不誠實一點，向母親表明：我就是不想寫妳出的作業。

有一天，在母親起落的棍棒中，我看懂了我妹，她接受的是跟我一樣的教育，一樣的訓誡，她也跟我一樣生怕母親會傷心。所以，妹妹寧願挨揍，也不願把矛頭指向母親。

我看懂的那一刻，也只是站著，繼續看妹妹被打，沒有更進一步的行動。

我不敢幫妹妹說話，生怕被波及。

我忘記一件很基礎的道理：人的忍耐是有極限的。

升上大學，搬去住宿舍，跟家人的距離遠了。在我著迷於嶄新且亮麗的大學生活時，妹妹的個性也產生很劇烈的改變。她開始花大量時間打理自己的外表，課業也一落千丈，最後，她瞞著父母一再翻牆翹課，跟著新認識的朋友不知上哪裡去。

妹妹自小是個美人胚子，上了高中更是出落得美好出眾，加上穠纖合度的線條，很快地便吸引到一票追求者。妹妹活在一個冷熱分明的世界裡，她在家中是個飽受母親譏嘲的苦情角色，到了外頭卻是眾星拱月的風流人物，一群年輕男孩為了得到她的青睞而爭風吃醋。

妹妹流連在外的時間越來越長，門禁成了個笑話。

母親不時向我報告妹妹的異狀，我意興闌珊地聽著，一心只想著如何掛斷電話。

我很滿意自己的大學生活，不願再分神去想家中的事。

大三升大四那年，我在一場比賽中獲得很好的名次，成績公布之後不久，母親打電話要我回老家一趟，說大舅要請我吃飯，為我慶祝。

席間的對話很愉快，小表妹是個開朗、甜美的小可愛，時常把大人逗得哈哈大笑。小表妹是試管嬰兒，夫婦倆將近四十歲才生下這個女兒，他們非常寶貝她。

聚餐進行到一半，舅舅指著我，低頭跟小表妹說：「妳看，人家姐姐是念台灣最好的大學，去比賽又得到那麼厲害的名次，哪像妳啊，一聽到讀書哦，整張臉就皺成一團。」

小表妹拉著舅舅的手腕，發出甜膩的撒嬌聲：「哎喲，不要一直說成績的事啦，好煩哦。」

「都不曉得該怎麼說她了。」舅媽苦笑道，可是她的眼中是滿滿的寵溺。

「沒關係啦，成績又不是最重要的，讓小孩開心成長也不錯啊。」母親順勢說道。

這時，一旁的妹妹發出一聲嗤笑，聲音大到眾人想裝作沒聽見都很難。
我的眼角餘光瞄向父親，父親沒說話，低頭扒飯，筷子划得飛快。
母親站起身來給小表妹舀湯，表情有些凝重。
為了化解尷尬，舅舅講了一個笑話，我跟父親捧場地乾笑了幾聲。
很不幸的，妹妹不打算放過大家。
她把碗筷重重地往桌上一放，直視著母親。
「妳平常不是最喜歡說，誰家的小孩成績那麼爛，要我千萬不能淪落到那種地步嗎？現在，小表妹的成績糟透了，妳竟然沒有意見，這不是妳的真心話吧？」
眾人停止了咀嚼。
「妳給我閉嘴。」母親氣得雙眼脹紅。
妹妹的嘴角扯了扯：「我又沒有說錯，我說的是實話，是實話為什麼我要閉嘴？如果我考出跟小表妹一樣的成績，妳有辦法接受嗎？妳一定覺得我的人生要完蛋了吧，怎麼可能像現在這樣雲淡風清地說：『成績不是最重要的』？」
在那一刻，她的側臉、她的輪廓、她揮舞雙手的姿態，無懈可擊地像極了我媽。

我有些忘了這頓晚餐是怎麼結束的。

舅舅一家人可能嚇得隨便找個藉口，匆匆結帳告辭了。

看著渾身是刺的妹妹，我既感到陌生，也很愧疚。

我跟父親沒兩樣，為了安撫母親的情緒，情願犧牲妹妹的權益。我常拜託妹妹識相一點，少花點時間在外表，多花些心力念書，盡早把排名拉到好看的數字，好讓母親開心一些。

另外一個更糟糕的心態是，我很慶幸媽媽把大部分的注意力集中在妹妹身上，讓我能喘口氣，多做一些我喜歡的事情。

這場不歡而散的慶功宴，令我對於家庭的無力感更深了。

＊

我要搭機出國的那一天，發生一件很特別的事。

雖說是下午的班機，但我六點多便起床了，環視著自己的書房，回想起這十幾年來的點點滴滴。

我在書桌上找到一紙信封，裡頭是一本日曆和幾張母親的信。信中母親寫著，我在國外的日子，應該常常寫信給她，並在年曆上註記我寄信的日子和寄信當下的心境；同樣的，她也會在自己那本日曆上註記收到信的日子和讀信當下的心境。信末，母親說，待我回國的那天，可以一起玩味這幾年下來我們母女倆互動的足跡。

我的心為之一沉，濃烈的厭惡感如潮水般一波接著一波湧起。

好不容易可以拉開我們的距離，母親照樣可以想出方法來提醒我她龐大、不容忽視的存在。

母親走進房間，看見我手上握著那封信，綻開微笑。

「如何？這個點子很有趣吧？」

這句話把我拉回了童年。

母親總是希望我可以讀更多書、練習更多習題。

為了降低我排斥的可能，她會嘗試用比較詼諧的方式去激勵我的學習意願。

以英文為例。

背十個單字，並且嘗試把它組織成一篇文章。

想像自己要取悅一位外國貴賓，必須翻譯一則笑話。

用英文玩故事接龍。

之後，母親總是這麼說：「如何，這個點子很有趣吧？」

這樣的學習手法固然有趣，但在這小孩已經做了很冗長的練習之後，再怎麼好玩的遊戲也會索然無味，小孩的玩心盡失，只想躺平休息。

母親沒有注意到這點，仍樂此不疲地設計「她認為有趣」的遊戲，為了不讓她失望，我會強打起精神，假裝這一切很好玩，到了青少年時期，我的演技已爐火純青到足以角逐奧斯卡了。

我回到現實，告訴自己我已經二十三歲了，不用再忍耐了。我聽見自己的聲音冷硬且疏離：「這一點都不有趣，很無聊，我不想參與。妳別想再控制我了。」

那一瞬間，母親的容顏枯萎了。血色飛快地自她的臉上褪去，她僵硬地點了點頭，安靜地轉身離開房間，過程中她沒有說任何一句話。她沒有因襲過往的模式，哭鬧、歇斯底里，編派我的過錯，膨脹自己對這個家庭的貢獻……等等。她沒有，只是離開這個舞台，她的背影看起來是多麼的孤寂。當她停止大吼、停止用戲劇化的技巧去鋪陳她的痛苦，我反而看到母親最真實的一面：她很寂寞，她希望我們多重視、多親近她一些。

我的母親，將家庭視為她的成果，將自己的兩個小孩放在自己生命最亮眼的重心，她泰半的時間與精神，都花在我與妹妹身上，希望我跟妹妹成為成功人士，對社會有所貢獻。

在這樣巨大的善意之下，悲劇很容易隨之誕生。

首先，母親忘掉她也是個妻子、是個同事、是社會上的一員，甚至是她身為「自己」的身分，她太執著於扮演好「母親」這個角色，在這個關係中，跟她對話的演員只有我跟妹妹。只要我跟妹妹的回饋稍微不符合母親的期待，她的情緒就掉下去了，接著她會把這份失望轉移到我們身上，我跟妹妹的日子好壞完全取決於她個人的陰晴悲喜。

其次，母親對於「成功」的認知太狹隘了，她定義中的成功，就是在學術上、職業上取得穩定、可供辨識的成就。至於美感、人與人之間的情感，生活中那些瑣碎而美好的小事，母親覺得這些都是次要的，花太多時間就是浪費生命。我幸運一點，一個側身，僥倖穿過了這麼狹隘的縫隙，妹妹慘一些，她跟母親的標準格格不入，自信心近乎全毀。

母親在教育兒女的過程中，帶給我和妹妹不可計量的傷害，但都無法磨滅一個事實：她很想要把我們給「教好」，她比任何人都熱中做母親，讀了很多親職教育相關的書，也不吝嗇去請教他人。但有一點毋庸置疑，她確實是愛著我跟妹妹的。

只是她不知道該怎麼愛我們——這兩個出自於她、但又和她不同的生命。

繞了這麼大一個彎，可以用不同的觀點看我的母親，經年以來困住我的牢籠應聲而開，終於有光透進來，彷彿聽到有誰在說：從今天起，妳自由了。

懷抱著仇恨是很累人的，尤其對方是生你的人，這一切將更加磨人。

＊

如今，外人看我的眼光仍然滿溢著歆羨與崇拜。他們看不見這個家庭底下的暗流，只看見光華燦美的表象。在我和母親共同出席的場合，有時是母親，有時是知情的親戚，總是有意無意地提起我的成就、我獲得的獎項以及我申請國外大學的輝煌成果，觀眾的雙眼於是發亮，向我母親進一步請益她的教育方式。母親也會好整以暇，大方分享她的心得。

「每天給他算十到十五題的數學。」

「一早起來，精神最好的時候，聽三十分鐘的英文廣播很有用！」

「必須尊重小孩子的意願，然後把題目設計得很好玩。」

我曾經仔細觀察那些家長專注聆聽的容顏，想到一段過去，祖父罹癌時，舉家上下掀起一波「抗癌」的熱浪，只要聽到哪裡有抗癌成功的例子，全家就不計遠近地跑去取經，毫無篩選地把對方的想法照單全收。那幾個月，家中堆疊著厚薄不一的養生食譜，分別由自稱「抗癌成功」的不同人士所提供。祖父逝世後幾個月，我私底下拿這些食譜請教醫生，醫生看了幾眼，沒說話，只是搖了搖頭，嘆了口氣。大概想說祖父都走了，多說什麼也是枉然。

我在那些家長的臉上，看見似曾相識的神情，感到不可思議。他們真的相信在生活中安插進一、兩個「優良讀書習慣」後，小孩的成績就能突飛猛進嗎？在實施這些方法時，他們有尋思過這個小孩的個性、天賦嗎？最重要的是，他們有把小孩的主張納入考量嗎？

一如我偷偷想過，祖父被餵食那些單調、無味的養生餐時，他快樂嗎？很多時候，我們記不得我們究竟在討論一個人？一種疾病？或者一種教育形式？我到今天還是無法釐清，祖父的身體到底是被癌細胞給吞噬了？還是被之後數不盡的治療偏方給淹沒了？教育亦然，真正打擊到小孩的，是成績本身呢？還是家長們看待小孩成績的評價與目光？

我媽不壞，她相信每個小孩子有其潛質，家長的工作是開發孩子的潛質，好讓小孩的潛質獲得最佳化的發揮。但她沒想過開發過度的後果是：小孩自主學習的樂趣被剝奪了。

之前，我提過了，母親很不樂見虎媽的教育風格，她想成為開明的父母，給小孩子發言的機會、注重孩子的情緒等等，這是她的說法。我長大一點後也發現了，母親是有給我們發言的機會，但納入參考的機率很小；她注重我們的情緒，但她更要求我們注重她的情緒。

直至今日，她仍認為她是民主、開明的母親；她仍相信我的成就來自她的教育方方式，但我們不談妹妹，妹妹是她至今解不開的一道難題。

我不禁想，我們服膺一套教育方法，往往是因為這方法教出了「一個」成功的小孩，坦白說，這樣的想法其實很空洞。把小孩好的壞的打包成一團，再歸因於「父母的管教」，不僅忽略了其個人特質，也忘了把他所處的環境納入考量。一樣的教育方法，可能打造出一個世俗眼中的成功模範，也可能將一個小孩的天賦摧殘殆盡。只是這些小孩的故事沒人關心，人們不喜歡失敗的例子，只想傾聽教育神話。

妹妹到現在仍是個偏激且憤世嫉俗的人，她很抗拒「教育」這件事。她的成績不差，只是母親給她的挫折感太大了，她不得不放棄讀書，轉向外界尋求成就感。

小孩不是滿足家長欲望、想像的容器，或者是載體。也不是黏土，任由家長恣意妄為地往自己喜愛的方向捏來揉去。矯情一點說吧，小孩子有自己的生命，他們屬於自己，不是家長或任何人的所有物。這是我在親子關係這門學問中，掙扎了近二十幾年的一些心得。

*

我知道，各位讀者在等候一個我與母親大和解的圓滿結局。這也是我過去好幾年試圖營造的結果，我常在期待，有一天，我可以徹底忘掉母親帶給我的諸多傷害，以及她是如何造就我個性上的黑暗面，真希望我能夠再次擁抱她。

我也發現這很難。與我母親相處時，我還是會下意識地全身僵硬，戒慎地觀察我母親的一舉一動，猜測她之後可能要說的話，並且在心裡做好防範。我很少回家，一旦站在家門口，也需要花一段時間克制掉頭離去的衝動。在她面前，我永遠是個自卑、生怕自己無法取悅她的小女孩。

我很幸運，在感情上，擁有一位交往多年的伴侶。我的伴侶非常有耐心，他花了很長的時光去梳理我個性上的缺陷，也很能理解我母親的教育方式，對我的個性造成的衝擊。每次，我因為母親的指責陷入自卑時，他會溫柔地勸哄我，給我讚美，讓我從黑暗中走出來。宛如施展神奇的魔法，不管怎樣，他都可以找到我內心那個來不及長大的小女孩，給她安慰，告訴她：「妳是個好孩子」。

他想要小孩，可是我很害怕。

我跟他坦承心中的畏懼，我很擔心自己複製出一模一樣的悲劇。我幻想過不下幾十次，有朝一日，我的小孩站在我面前，口中吐出：「妳的控制欲真是太恐怖了。」單是想像這個場景，我就窘迫得無法呼吸。

母親造成的傷害實在太深刻了。

我跟母親試圖和解了無數次，但好光景維持不了太長，在親密且頻繁的接觸一陣子後，我們會分別憶起一些過往不愉快的場景，疙瘩又全數長了回來，我們再次變得疏離了。

這樣和解、疏離的反覆過程很煎熬，也很諷刺，越是急著修補，就越可能製造新的傷害。

和母親將近第一百次的和解失敗時，我決定寬恕自己，和解或許可行，但不是現在。

我很有可能一輩子都忘不了自己急著討好母親的卑微心境、母親扔擲在我身上的否定言語、那些無以名之的憤怒與情緒、母親帶給我的種種創傷、那些諸如此類的情事。

但我還是可以隔著一段距離，關懷我的母親，並許願她一切都好。

這就夠了。終究我們不是在演戲，這是人生。

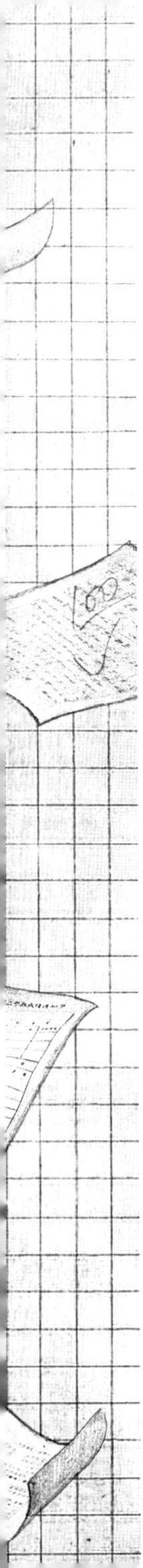

後記

莫失莫忘。

有沒有一個可能是，我們的社會把「親」與「子」綁得太緊了？

在怪獸家長的背後，不過是站著一個膽怯的、害怕犯錯的人啊。

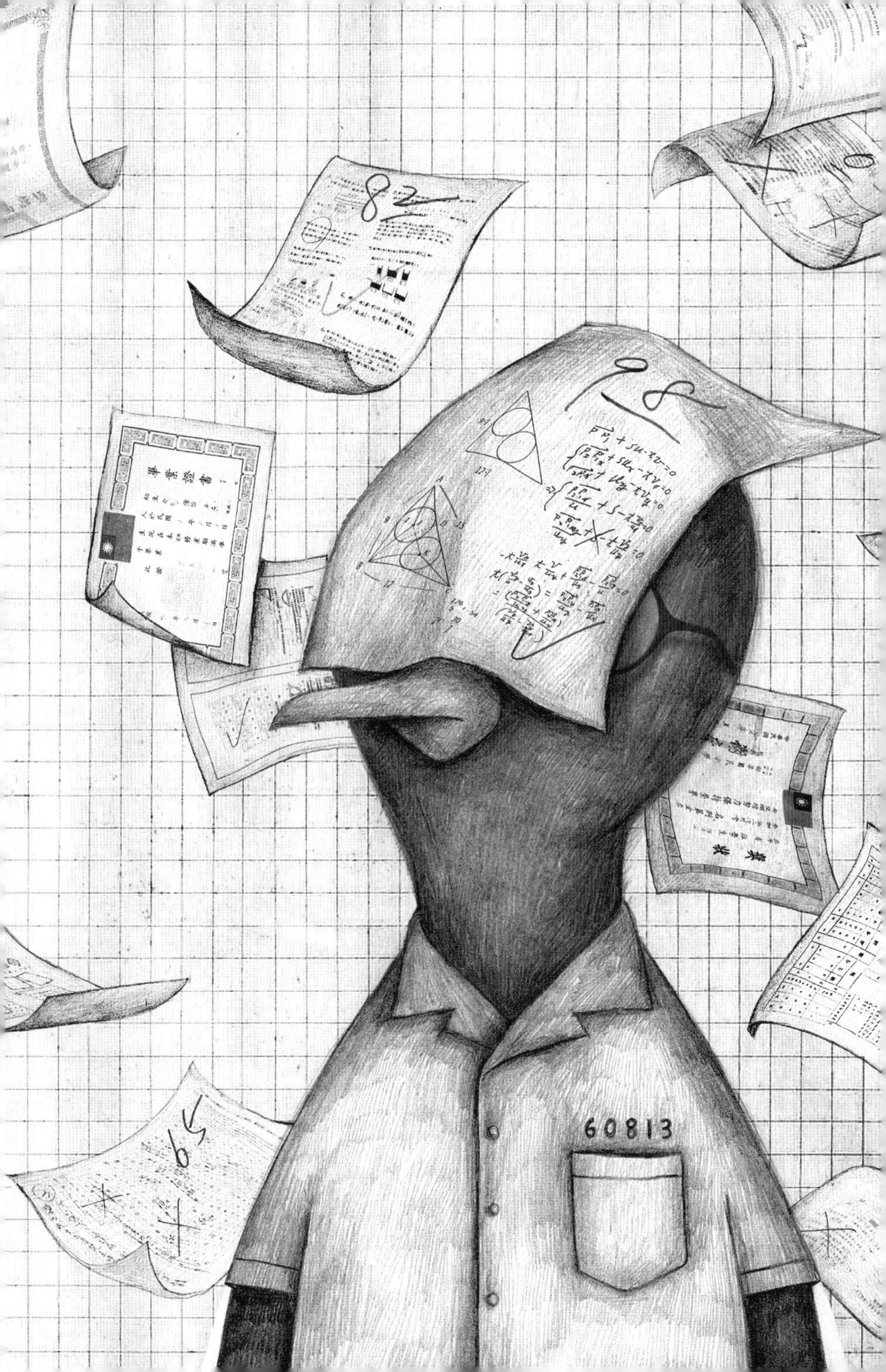
畢業證書
60813

這篇並不存在於原先設定的大綱中，然而，許多友人看完草稿，一致的回應是：妳該著手寫妳自己了。其中一位朋友說法很美：「妳必須跟妳教過的小孩一起站在舞台上，這是對他們的交代，也是一種公平，因為你們一起站在舞台上」，這句話深深打動了我。

要說我的故事，得先從我的母親說起，否則這個故事就是殘缺的。

我的母親，生於澎湖一個家徒四壁的漁夫之家，她是七個小孩的長女。「七個小孩」、「長女」，基本上這兩組關鍵字已充分交代她之後的命運：她得為這個家犧牲奉獻。母親的父親，我的外公，是一位典型的漁夫，成天與陰陽莫測的海浪爭鬥。漁村中很常聽到一句話：「誰昨天去捕魚，再也沒有回來了。」母親說過，外公每一次補破網，同時也在補他的勇氣。至於不下海也不補破網的日子，外公則縱情於酒國——一個沒有海浪、也沒有生死的國度。

母親學習能力極好，即使因為家境困厄而顛沛流離，她還是在前後換了三所學校之際，穩定維持第一名。她小學畢業之時，導師親自前往祖父家為我的母親說情，請外公讓她繼續升學。外公告訴那位天真的導師：「她是長女，她得出去工作賺錢。」躲在門後的母親聽了，無聲地掉下眼淚，拔腿奔去家中附近的小坡大吼。回家時，她面無表情，認了身為長女的責任。

第一份工作在罐頭加工廠，裡頭冷氣很強，母親被凍得發育不良，快十七歲了才來了初經。工作幾個月，母親偷偷報名夜校，拜託同事代班，摸黑去上課。沒上幾堂課，被外公發現了，責怪母親不認真工作，把母親痛打一頓。母親自此斷了讀書的念頭，賣命工作。

十五歲那年，母親獨自飄洋過海來高雄工作，一口澎湖腔讓她飽嘗不友善的對待，母親不介意，白日賺錢，夜晚拜託一個友人教她說台灣人說的話。幾年下來，母親把澎湖老家九個人，一個接一個牽來台灣本島，在她能說出一口漂亮且「正確」的台語後，母親開始習字。一天，結束一天至少八、九個小時的工作後，用餐盥洗完畢，母親就著微弱的燭光，拿起報紙，左邊擺著一本辭典，一個一個字開始認，並在報紙餘白寫滿了她新得的字。

現在，母親的識字能力非常好，完全是受過高等教育的水準。

為了原生家庭，母親不停地工作，直到年歲大了，才倉促嫁給了父親——一個完全不適合走入婚姻的人。這也是我多年下來的感悟，有些人就是不適合走入婚姻，或者為人父母。但在二、三十年前，一般人不會想得這麼遠，他們覺得只要孩子生下來，把孩子帶來人世間的男女自然能勝任父母的角色，這實在是很天真的幻想。

母親在懷我的十個月中，已差不多做足了為人母親的心理準備；而我的父親，他或許直至今日仍尚未意識到身為父親的重量。在我的記憶中，父親愛我像愛一個玩具，興致一來就抓過去說幾句話，興致走了便逕自逍遙去，把我擱在後頭。我升小四那年，一回父親結束午睡，他那天心情不錯，叫我過去陪他聊天。第一句話就問我：妳現在在二年幾班啊？我瞪大眼，像是一枚錘子掉入心的最深處，我沒好氣地告訴他：我升四年級了。

父親他之所以生子，純粹是出於社會的規範，一個男子到了三十歲理該有個孩子，他於是有了我與弟弟。可是他始終沒有想過，「父親」兩個字不過是個骨架，要想方設法填入血肉、甚至賦予精魄，這個角色才能活過來。是以，父親之於我的人生，存在，但也不存在。他雖到場，可是永遠不參與討論，只是雙手抱胸，好整以暇地等著母親把我們加工成乾淨懂事的小孩，唯有如此，他方有可能跟我們說上一段話、共度一段時光。

母親說，父親是「成了婚的單身貴族」，這個譬喻很好。

＊

母親活像是個單親媽媽，一人經手我與弟弟的大小雜事。難能可貴的是，她做得非常理想。母親的童年很短，教育又匱乏，成婚之後，母親不用汲汲營營於掙錢，她一有餘裕，就帶兩個兒女去書店轉轉。母親會先挑一本書，凝神讀了起來，母親一陷進去，那就完了，至少三十分鐘起跳，我跟弟弟只得在茫茫書海中，揀選一、兩個可以共度半小時的對象。

我跟弟弟一開始挑的是圖畫書、文字很少圖片很多，兩個三、四歲的小孩一起看，一起天馬行空地討論。母親有時會放下手上的書，走過來為我們念上一段，念的時候她的指尖會跟著字走。一個字出現了五次、十次、更多次，有一天你發現自己懂它了。母親很少停在一個字上，嚴肅地告訴我們：這個字是小、那個字是大。沒有，她只是為我們說故事，沒有強迫，也不計較我們今天學了什麼，她只是為我們說一些有趣的故事。

偶爾讀到一半，書店要打烊了，我跟弟弟就央求母親讓我們買下手上正在閱讀的書。母親的魔法便開始了，她會把那本書接過去，用一種鑑賞珍品的眼光細心打量，沉吟半晌，很正經地問我們：「你很確定，要帶這本書回家？」待我跟弟弟點頭之後，她會不厭其煩地再問一次：「你非常確定，帶這本書回家，你們真的會讀？」這時，我跟弟弟多少會面露猶豫，把那本書取過來，模仿母親，以鑑賞珍品的心態細心打量。有時我們會放棄，說這本書沒那麼重要，有時我們會堅持到底，請母親買下這本書。母親結帳後，會慎重地把那本書交付給我們，同時告訴我們：「知識是很寶貴的。」我們接過那本書，彷彿打了一場勝仗，書是我們的戰利品。

這是我自幼時，誤打誤撞習得的深刻道理：知識是很寶貴的。

母親無心插柳地培養了我跟弟弟的閱讀能力，她想讀書、想學字，她把我跟弟弟牽到書店去。她捧書細讀的姿態是如此優雅，小孩有個階段喜歡模仿大人，我跟弟弟極想模仿母親閱讀的優雅。那時，沒有誰在乎閱讀對於我們的人生有多少幫助。母親拜訪書店的次數很頻繁，我跟弟弟捧的書日益增厚。

很多年後，我聽到「身教」這個詞，對母親的作為恍然大悟。

*

我升上小一，小一的國語對我而言有些太容易。一日，老師把小五的國語課本忘在講台上，要我拿去她的休息室。我邊走邊讀了起來，走到老師面前捨不得放手，老師很驚異，要我念給她聽，我念了一小段，有幾個字不認識，我跳過去，算是念完了。

當晚，老師打電話給母親，問母親有沒有栽培我日後參加跳級考試的心意，母親很委婉地拒絕了。這通電話的存在，我到高中才知道，知情的當下很埋怨母親，怎麼不給我跳級？這樣我的升學進程會比一般人快。母親罵我：童年已經很短了，只有笨蛋才急著快轉。

這是母親心底的痛處，她的求學時光太短了，國小六年不足以消化她滿腦子的求知欲。

對於才藝，母親的見解也很獨樹一格，她問我：對音樂有興趣嗎？我搖頭。對資優數學有興趣嗎？我又搖頭。母親問我：對什麼有興趣？我說，畫畫。母親把我送去學畫畫，上課前我往往很期待。繪畫沒有成為我的專長，倒是成了我紓壓的管道。

母親從不因成績而讚美我，倒是常常因為我的日常行止而把我痛扁一頓。我國小是個脾氣乖張、跋扈的小孩，老是欺侮老師和同儕，母親時常為此處罰我，她很生氣地告訴我：「一個人成績好但品行惡劣，是一件很糟糕的事情。大腦有東西的人，做起壞事來會更可惡。」

每一次我帶回考卷，母親看也不看上頭的分數，只問我：「裡面的概念妳都釐清了嗎？」

我點頭，考得再糟她也處之泰然，我若猶豫半晌，再好的成績她也不高興。她認為，考試的意義在於檢驗你的學習狀況，考好考壞都是珍貴的資訊，目的是要我們清楚自己的知與不知。母親也不逼我們寫多餘的習題。她很明白，逼急了我們就會抄答案，這不僅浪費了出題者的苦心，也是浪費我的時間。

在此，容我說兩個插曲。我國三念前段班，一晚我念得睡著了，醒來時理化作業尚未完成，到了學校，我心中很掙扎，要不要抄鄰座同學的答案，想到母親的話，我又不敢。老師看我題目沒寫完，數我少寫五個大題，狠打了我五個大板。返家時，左手疼痛腫脹，這是前段班的潛規矩，不打右手，右手是要寫題目的。母親看到我發紫的左手，很難過，問我緣由，我據實以告，母親一時間也亂了分寸，嘆了一口氣，難過得挑不到話說，我猜她心中有些埋怨前段班的作風，但她最後選擇不說。

我讀高中時，又發生一模一樣的情境，我又念到睡著了，醒來時數學考卷尚未訂正好，我硬著頭皮去跟數學老師商量，再寬限我一天。我告訴她：「妳要我早交，我只能抄。但我尊重妳的題目，我不想抄。」數學老師答應了我，我以為這件事就這麼過了。

六、七年後，我和這位數學老師聯絡上，她告訴我，我們那次進行的「商量」，對她的教學生涯影響重大，這是她在明星高中任教的第一年，心中忐忑。她原初很掙扎，怕給我開了一道方便門，會對其他同學有失公允，好險我只遲交過這麼一次。

不過，我的前例令她沉澱了一下制定規矩的意義，到底是要學生達成「定期繳交作業」的目標呢？還是要參酌一下學生各個不同的狀態？聞言，我很難為情，想不到我的要求原來造成老師如此大的心理負擔；我也很感激，教育說穿了就是兩個人之間的事，一個班級四十幾個人，這麼懸殊的師生比之中，那位老師努力做到了這點，某個瞬間，教育成了我們兩個人之間的事。

這並不容易。

在「她是老師，我是學生」的架構之下，她跨越了這條界線，化作學生，化作我，理解我的出發點，又回去站在老師的立場上，允許了我的決定。許多老師認為此舉是降低格調，我倒覺得這樣的舉動昇華了教育的本質，我很感謝數學老師的坦白。

*

母親特殊的一點，在於她對「玩樂」、「放鬆」很重視。我國二、國三喜歡打一款戰略遊戲《星海爭霸》，一天玩一到兩個小時不等。久違的父親再次出場，他砸爛我的鍵盤，轉頭和我的母親大吵一架，怪我母親縱容小孩，瞧，現在她不再是前十名了。

母親立場不變，她告訴父親：在學校上了整天的課，回家放鬆一個小時能有多壞？

不過，母親事後跟我約法三章：妳可以玩電腦，我不阻撓妳，妳只要完成妳的學習就可以玩。妳打電動時千萬要盡興，可是妳讀書時一定要專心，不要再想電動的事情。

台灣家長普遍有個不安是，自己的小孩玩太多了，坐在書桌上的時光太短了。他們鼓勵小孩讀書，不鼓勵讀書以外的事項。造成的後果是：小孩讀書的時候想著玩，是以書讀得七零八落，等到該玩的時候，又想起未完成的作業、未備妥的考試，玩起來又充滿罪惡感。

我只要觀察到學生的讀書計畫安排得太緊張，也會鼓勵他們插入一些休閒娛樂，學生們起初很質疑，他們覺得要讀好書，就得延長自己坐在書桌前的時間，哪有縮短的道理。在我的堅持下，他們半信半疑地進行短程的出走，做什麼都好，總之就是離開書桌，給自己半天的假。回來的時候，他們神清氣爽，念起書來特別甘願。

平衡「玩」與「讀書」的界限很難，很多家長不願做這課題，就想了一個很取巧的方式：盡量壓縮小孩玩樂的時間。

＊

在母親自由、強調尊重的方針之下，我的求學之路非常順遂，在沒有補習的狀況下，考了很好的高中，三年後又考出了很漂亮的成績。可惜的是，我考大學的成績太理想了，母親第一次放棄了她的原則，干預我的選擇。她不要我填外文系，要我填法律系。我們家因為不諳法律吃過虧，我的母親第一次，把她對於未知事物的恐懼以及對於某些職業的幻想，投射在我身上，這成了我們親子關係最大的傷口。

我認真讀書就是為了進外文系，沒想到卻進了法律系。第一年進去，我就後悔了。我讀得很痛苦，眾多專有名詞，眾多來自不同國度的衡量基準，完全被擋在個案之外，不得其門而入。

每一次上完課，回到宿舍，我坐在椅子上，眼前一片灰暗。我的法科成績不惡，但叫我念法律書籍很痛苦；與此對比的是，我的選修科目，諸如歷史、女性主義、西洋文學與藝術……等等，我讀起來很愉快，成績的回饋亦然可觀。

我跟母親說過：「這場比賽，在我奮力跑到終點時，才發現盡頭一片荒蕪。」

母親很懊悔，不停地表示，倘若時光倒流，她絕不干預我的決定。

我跟母親之間有個裂縫，法律系這三個字成了咒語，不能在我面前提起。

大學畢業後，我做出一個決定：「我不要參與律師考試」，我對這項職業沒有歸屬感，黑白袍子裡頭沒有我的尺寸。在做出這個決定之後，當下最直觀的念頭是：我的人生毀了，一百多個學分泡湯了。我註定要被人瞧不起了。

念法律系又不參加國考，在這圈子內，不是太光彩。

*

我在高中即有擔任家教的經驗，這幾年下來，或許運氣好，手上的案子沒斷過，學生一個接一個，不同的學生來自不同的家庭，每個家庭背後有不同的故事。隨手拿一個案子來說，這案子很有趣，我沒寫出來。那個學生每堂課都巴著我，要我聽他千瘡百孔的求學經驗，以及他多麼喜歡音樂。下課後，他把我拉到鋼琴面前，要我聽他彈鋼琴，我的音樂素養不太足，辨認不出他的技巧好壞，但我聽得出來他與鋼琴所創造出來的空間，是很和諧的。

第十堂課，我在捷運上，突然驚覺這一切太不對勁了，我步出捷運站，往學生的家走，學生已在房間等我，我走去客廳，跟學生的母親說：「阿姨，對不起，我不能教了。我認為把音樂學好，是他的真正需要，也可以做得很好的。」

那位母親很鎮定，沒有停頓太久，她開口說：「我早知道該送他去學音樂，可是我還是想試試他走普通科的可能，妳才來幾次，就可以告訴我這些，可見事情真的很明顯，我會去說服我丈夫的。」之後，她進房去找學生，母子倆很慎重地跟我說再見。

我忘不了那位母親的反應，她在說話時，我清楚聽見她對兒子的愛意。那個學生是獨子，父親在大陸經商，學生說過，父親希望他讀商科，做個商人。

大部分的案子，我不能理解這些家長為什麼要如此對待自己的小孩，在前幾個案子中，我認定這些家長很「奇怪」，隨著我的學生人數往上爬，見識到越來越多光怪陸離的景象，我才轉頭去認定是我的母親很「異常」，她讓我以為，小孩被視為獨立個體是理所當然的事，但在我所生長的這塊土地上，常情並不是這樣子的，家長們更傾向把孩子視為所有物。

我突然很好奇，什麼是教育的本質，我對這有了興趣。

在大學擔任家教，多半是打工性質，遇到跟學生、家長三方之間的衝突時，我不會積極去處理，有幾個案子索性辭職了事。在思索「不考國考的下一步」這段空窗期，我決定先回去做我擅長的事：家教。從兼職性質轉為專職，心境上轉變很大。這三年，除了教法的改進，我花了更多心力看仔細衝突的形成與發生、記錄我與學生的對話、檢討與家長溝通的措詞等等。

更多時候，我了解到自己的無能為力。

很多人問我，妳教過這麼多學生，為什麼挑這些學生寫故事？

我想，他們各自代表了一種「典型」。

例如巧藝，她讓我看見同儕之間競逐家境的心態，以及一對學歷上吃過苦頭的父母，梭哈自己的人生，只為子女換取一個「可能」更有前景的未來；也像是若娃，我為了她，翻找不少過動症的資料，想釐清他者急於撕除的標籤，為什麼成了若娃母親的定心丸，這背後是怎樣的生命經驗？或者眼鏡仔的母親，或者茉莉，他們讓我思索多重角色的衝突，在妻子、母親甚至媳婦的折衝之中，他們最終為了取得什麼，而捨掉了什麼，又是為什麼？

我對茉莉印象尤其深刻。明玉不是個擅長愛人的母親，明玉自己在原生家庭中受到的創傷，或多或少藉著女兒茉莉的人生還魂了，茉莉卻沒有讓這樣的創傷，在女兒小葉身上重演，她走出了一條新路。我們常說，父母對小孩的愛是與生俱來的，我不這樣認為，至少在茉莉的例子上，我清楚地看見一個母親，亦步亦趨地學習愛自己的女兒。

還有我不太想提的蔡漢偉。蔡漢偉非常聰明，想法也很偏激，我認識他的頭一個月，他動輒把「好想死」、「我的父母是惡魔」掛在嘴邊。我在他身上投注的心力遠超過其他學生，我想辦法消解他心中對父母長期累積的恨。我認為，他必須和他的父母和解，從仇恨中走出來，回歸自己的人生，去正視他在學校此一社群的處境。在我努力朝這個方向進行的同一時刻，蔡漢偉的父母猶不肯放棄他們的理念：「小孩是我的，我知道怎麼做對他最好」，兩種想法一再碰撞，蔡漢偉最終的結局是我最不能承受的，他的父母花錢與人和解，他被送出去，問題沒有得到解決，反而惡化了。

也或者是賈寶玉，我凝視著他的痛苦長達半年。兒子喜歡男生，是賈寶玉母親所恐懼的，她是天生這麼恐懼嗎？倘若我們的社會能接受多元的愛與被愛的可能，她還會這麼恐懼嗎？

對於女友以及分手的真正原因，賈寶玉多是避重就輕，我也想過，在學姐心中，這段半年的感情，她有沒有受到傷害？是誰令她受傷了？

*

在我的成長經驗中，父親是缺席的。我很期盼，有一天我進入一個家庭，在那個家庭裡，父親不只是經濟上的角色，也是家庭教育的重要一環。我很想書寫一位父親，知悉他的兒女，一如母親知悉她的孩子。很遺憾的是，或許是華人的定位使然，我走入這麼多個家庭，我沒有遇見這樣一位父親，大部分的中生代父親，仍把家庭教育視為母親的專職。

我只能希冀，這樣的父親已經存在了，並且越來越多，有一天我會遇見的。

草稿出來後，許多人看了只問，那麼，依妳看來，父母的角色是什麼？

我思索良久，有一點淺見是，或許就類似牛頓的宇宙觀吧。牛頓認為世界好像一個鐘錶，師傅完成裝配之後，將鐘錶上緊發條，鐘錶即開始自行走動，也就是說，上帝完成創造之後，即退居幕後，而人類可以憑藉理性去發覺這世界的運行。

每一個小孩，或者該說每一個人，有其存在的獨特性。有太多父母執意要小孩去臨摹其他人的行為，複製類似的成功經驗，去追求他們眼中的理想人生，圓滿他們年輕時未竟的夢，甚至是驅策小孩成為「第二個自己」。彷彿一個生命的誕生，是為了滿足、成就另一個生命。

就小孩的立場來說，「為了達成某個目的，自己才被生下來」，也是很可悲的一件事。

先前，我向一位年紀略長的朋友訴苦，他不僅沒有安慰我，反而一針見血地指出：「選讀法律系，與妳母親有關，但最大的關鍵是妳自己，當年可沒人拿刀架在妳的脖子上。妳有選擇餘地的，選擇餘地雖然不大，妳還是有選擇餘地的。可是妳沒有掙扎，妳放棄了，為什麼？答案很簡單，我們都怕人生會出差錯，但我們更怕人生出差錯時，沒人給我們擔責任。大學要念四年，這麼關鍵的決定，妳讓出來，讓母親來為妳做決定，妳讓自己成為可憐的受害者，妳之後的不順遂，妳的不滿，可以全往妳母親身上扔。妳也怕選了外文系後，凡此種種都要自己扛了。」

家長很常問我一個問題：「小孩子不照我的心意填志願，該怎麼說服他？」

先前，我從不正面回應這個問題，怕答得不好得罪家長。如今，我有了一些勇氣回答這個問題：「家長可以給意見，提供小孩你的觀點，與小孩討論，但是，做出最終決定的人最好是小孩，這不是理想，更不是溺愛或縱容，而是一種事實，這是他的人生，他得學會肩負起下決定後所因應的責任。相反地，你若執意給他做決定，這在某種程度上也是一種溺愛，因為他始終學不會如何掌理自己的人生。今日發生車禍，我們絕對先找握著方向盤的人而不是車主。這是他的人生，你卻緊握著方向盤，日後出事了，他會說，找我父母吧，你不該找我。」

＊

此時我二十五歲，距離大學畢業已有三年，走入這麼多家庭，像是旅行，沿途有不同的人文風景，也得到一些思想上的養料。隨著這本書的塵埃落定，我又回頭去想我的求學路，以及一個比較敏感的問題：我跟母親的關係該怎麼修復？

念法律系四年，我與母親變得很疏離。太多惡意纏繞在我的心頭：「妳到最後還是想控制我的人生啊」、「所有的開明、民主都是假的，妳有想過我辛苦讀書考取的分數，是為了讓自己進入一個毫無興趣的系嗎？」

母親道歉過好幾次，我卻置若未聞。

在我梳理故事中的角色，思考每一位母親背後的為難時，我也看見了母親的縮影。母親是愛我的，她要我念法律系，不是為了名聲，我考上中女中、考台大，她沒有一次主動跟他人提起我的學校，代表她生我養我，名聲二字沒有放上心頭。母親只是、只是把她童年對於貧窮的畏懼，投射在我身上。世人告訴她，律師是賺錢的職業，她就要我往這方向走，無非是怕我窮。可是，見到我念書時的掙扎，她也流著淚，誠摯地向我道歉。

我突然很想跟她懺悔。

母親一職，她做得很好了，我對她拋諸的怨言，有很大一部分是言重了。

*

書到尾聲，終於可以來說說我對於家教此一職業的想法。我很感謝我的第一位家教學生，我們年紀只差兩歲，她經驗過的，我也才經驗不久。每回我們結束課程，她會把我留下來，訴說她的心事，那些心事有的很輕，有的很重，有些是不好和父母討論的。我起初很彆扭，不懂我聆聽這些心事的必要，也害怕我逾越了師生的分際。

許多前輩說我這樣是不對的，老師要建立起權威，要「恩威並行」，要讓學生「怕」妳。

我感到很納悶，我們面對的是一個比我們更嶄新的生命，他為何應該怕我？

我於是偷偷做實驗，我讓自己與學生之間沒有高低，沒有尊卑。我聽他們傾訴，一起感受生命的失落，有些問題很棘手，我也無法提供意見，但我會想辦法讓學生知道，他們不是一個人在應付這些問題。奇異的是，之後上課，他們會更認真聽我講解，學生也在乎我，這成了一套互惠的模式，我們相互照顧彼此的心情，學生變得比從前更自動自發，成績自然而然就好轉了。

我一度迷失在這「非典型」的互動方式，感到不安，怕自己是在誤人子弟。近來，我讀到《慢療》一書，作者維多莉亞．史薇特（Victoria Sweet）是個醫生，她在美國一間源自中世紀的醫療院所（也曾經是美國的最後一家救濟院）中，學習到嶄新的醫療行為，那就是，以「人性」款待病人。裡頭有個故事我很喜歡，作者描述一位護士長，喜歡坐在病人的身邊打毛衣。在醫院評鑑時，這位護士長遭遇很大的抨擊，說她不務正業，利用上班時間從事個人嗜好。然而，評鑑人員沒有注意到，這位護士長打的毛衣，最終是給病人穿的。作者提出一個很特別的觀點，她認為，這種看似毫無效率的醫療行為，說不定是最有效的醫療行為。試想，在你遭逢極大的身心病痛時，有個人坐在你身邊，安靜地手指穿針引線，沒有給你止痛藥或抗生素，她只是坐在那裡陪伴你，並且在幾天後送你一件小毛毯。

我這才懂了，聆聽學生的心事，這種行為看似毫無效率，其實也可能是最有效率的教育行為。教育未必得在全部的時間裡塞滿學科知識，一定也有其他值得言說的，例如學生自己的事。

我看了好幾年，發現在學生「無心讀書」的背後，實則藏著很多心事，可能是在學校被欺負了、跟摯友鬧翻了，或者覺得老師對自己不太友善等等。他們不敢提出來，怕被說是藉口。對孩子而言，是三角函數、古文三十篇或假設語氣的文法重要？還是明天去學校可能又要因為身材被嘲笑這件事重要？

兩小時的課，我會超過至少十五分鐘，這十五分鐘是留給學生的。我會給他們說一下近況，大事小事不限。這十五分鐘，我不是老師，他不是學生。他說，我認真聽，他若不想說，我也不勉強，但後者的情形非常罕見。每個人，都在等待誰來傾聽。唯有他的言論得到傾聽、得到尊重，我們才得以反過來要求他也傾聽我們，尊重我們的言論。

這不只在談教與學，也適用在其他人與人之間的關係。

＊

家庭是社會的基本單位，門關上之後，在旁人看不到的空間之中，家庭成員要怎麼相待，會影響到這些成員的思維，門一打開，這些成員走了出去，也可能以類似的邏輯與社會上其他成員互動，之後他們又各自與其他成員互動……環環相扣，有如核分裂一般，最終產生極大的能量。

可是，問題不僅止於父母，寫下這些故事，不是為了抨擊父母的是非，或者把所有亂象打包成一團歸因在父母身上。在我與家長接觸的經驗中，很多時候我可以看見他們的無助，他們被眾多輿論給干擾到無法做出決定，四面八方的壓力在敦促他們成為「更積極」的父母。

今日，這個島上多一道聲音，鼓勵父母教養出成功完美的小孩，就有一對父母可能走上壓迫自己小孩的道路；多一則新聞，把小孩的成敗完全歸於父母教養的好壞，同時也可能誕生一個以極端方式控管子女的家長。我們常言，小孩是獨立的個體，有時，我會想，反過來，父母可以說自己是獨立的個體嗎？有沒有一個可能是，我們的社會把「親」與「子」綁得太緊了？在怪獸家長的背後，不過是站著一個膽怯的、害怕犯錯的人啊。

這些故事之所以存在，是期待我們去凝視一個初衷，靜下來，好好想想，把小孩帶到這世界上的初衷。像是〈一脈不相承〉中的茉莉所言，事件的最初，我們要的只是孩子健康、快樂，最後我們的期待卻無限制地擴張了開來，於是傷害就無可避免，我們也失去了最初凝視孩子的初衷，曾經在某個時刻，我們光是觸摸小孩柔軟的掌心就滿足不已。

我們可以不要再複製這些傷害。

一位好友看完這些故事之後，語重心長地告訴我：「以前我想過，我一路走來拿這麼高的學歷，要是我的小孩不像我，不是很丟臉嗎？現在，我只希望他快樂就好。」

此一回饋令我淚光閃閃，不騙你。

FOR2 24

你的孩子不是你的孩子

被考試綁架的家庭故事── 一位家教老師的見證

作者：吳曉樂
繪者：劉旻呈
責任編輯：冼懿穎
封面設計：顏一立
校對：呂佳真

法律顧問：董安丹律師、顧慕堯律師
出版者：英屬蓋曼群島商網路與書股份有限公司台灣分公司
發行：大塊文化出版股份有限公司
台北市 10550 南京東路四段 25 號 11 樓
www.locuspublishing.com
TEL：(02)8712-3898　FAX：(02)8712-3897
讀者服務專線：0800-006689
郵撥帳號：18955675　戶名：大塊文化出版股份有限公司

總經銷：大和書報圖書股份有限公司
地址：新北市新莊區五工五路 2 號
TEL：(02)8990-2588　FAX：(02)2290-1658
製版：瑞豐實業股份有限公司

初版一刷：2014 年 11 月
初版十九刷：2018 年 9 月
定價：新台幣 300 元
ISBN：978-986-6841-59-0

國家圖書館出版品預行編目 (CIP) 資料

你的孩子不是你的孩子：被考試綁架的家庭故事——一位家教老師的見證 /
吳曉樂著 . -- 初版 . -- 臺北市 : 網路與書出版 : 大塊文化發行 , 2014.11
328 面 ; 14X20 公分 . -- (For2 ; 24)
ISBN 978-986-6841-59-0(平裝)

1. 家庭教育　2. 親子關係　3. 通俗作品

528.2　103019886